Bland kolingar och
skärgårdsfolk

Bland kolingar och skärgårdsfolk
av Olle wijkström

NORDSTJERNAN
Förlag, New York

Nordstjernan Förlag, New York 2005

Omslag: Gunnulf Björkman
Illustrationer: Gunnulf Björkman
Orginalets titel: Bland kolingar och skärgårdsfolk
© Författaren och Nordstjernan Förlag 2005
ISBN: 0-9672176-2-8
First Edition
Made and printed in USA

Nordstjernan Förlag
Book Services
P.O. Box 1710
New Canaan, CT 06840

Innehåll

BEMAN -04

Den lyckligaste dagen i mitt liv

En del dagar är ändlöst grå. Regn som strilar. Bussar som just gått, när man med andan i halsen nått hållplatsen. Trista besked om kvarskatt, som sorgligt dunsar ner i brevlådan. Soppa som kallnar. Nageltrång. Hurtiga typer. Kallnad varmkorv utan senap. Cykelpunktering, just när man har extra bråttom. Urusla TV-program en kväll då behovet av att roas är som störst. Det finns mycket som kan göra en dag solfattig.

Det finns också mycket som kan fylla tillvaron med glädje och fröjd. En del människor anser sig till och med kunna pricka in de dagar, som varit de lyckligaste i deras liv. Höjdpunkter som aldrig glöms.

En gång spelade jag golf på Innis Arden i Old Greenwich. Bland alla andra, som samtidigt spelade golf där, fanns en normalt stillsam person, som jag för anonymitetens skull nu kallar för George. Allt gick lugnt och städat till, som det oftast gör på gröna, böljande golfbanor. Inga höjda röster. Etiketten kräver att golfspelare ej får irriteras. En koncentrerad sving kommer så lätt av sig i en störande omgivning.

Plötsligt bryts stillheten. Störda golfspelare, som tvingats stanna mitt i en sving, lyfter sina onda ögon för att se vad i all världen som håller på att hända. En glädjestrålande George kommer rusande över banan. Jublande rop. Frustande lycka. George springer i galopp med viftande armar. Han hade just gjort en "hole-in-one" för första gången i sitt liv. Denna historiska händelse ville han att banans övriga spelare omedelbart skulle få kännedom om. Samtidigt inbjöd han alla på champagne i baren. När George höjde sitt glas till en skål, meddelade han att hans triumf att göra "hole-in-one" innebar att han betraktade denna dag som den lyckligaste dagen i sitt liv. Detta behövde George ej säga. Det syntes på honom. Glädjen var fullkomlig.

Den genomhygglige Ingo Johansson upplevde kanske sin lyckligaste dag när han golvade Floyd Paterson och blev "World Champion". Det går således att bli glad och lycklig även om man beter sig som en riktig elaking och drämmer till folk, så att de ramlar i golvet. Förmodligen hängde däremot Floyd läpp, såväl bokstavligt som mentalt, samma dag. Den enes bröd, den andres död.

Ingemar Stenmark kan förmodligen inte bestämma vilken av alla hans många segerdagar som var hans allra lyckligaste. Han tyckte helt visst att livet var en enda härlig utförslöpa. På sitt chosefria sätt konstaterade han ju alltid leende: "Dä ä bare å åk".

Framgång i studier kan också leda till lyckliga stunder. I Askersund var det förr i världen ytterst sällsynt att någon ungdom studerade så länge och framgångsrikt att han eller hon tog studenten. Den förste Askersundare som tog studenten på Karolinska i Örebro hette Hugo. För Hugo blev den dag då detta skedde så lycklig att han vägrade att ta av sig den vita mössan. Hugo bar den på sig, såväl när han badade i stans kallbadhus som när han gick till sängs och läste sin "Gud som haver..."

När jag "exercerade beväring" eller "låg i lumpen", som det hette då man gjorde sin militära plikttid, fanns det på I4 i Linköping en korpral som hette Karlsson. I juni 1949 blev korpral Karlsson befordrad till furir. När detta hände växte Karlsson. Hans gång blev än mer taktfast, hans Giv Akt än stramare och hans blick alltmer fordrande. Om Karlsson som korpral någon gång såg mellan fingrarna om en vanlig beväring struntade i att göra honnör för honom, så var det slut med sådana undanlåtenheter den dag Karlsson lyckliggjorts genom befordran till furir. Då gällde det att alla beväringar betedde sig respektfullt mot Furir Karlsson.

Pengar ger den verkliga lyckan, menar många. Att vinna högsta vinsten är den lycka som åtskilliga människor drömmer om att få uppleva. Tack vare bonusar och fallskärmar i mångmiljonklassen har en del gott folk nått rikedom. Kanske några få av dem också kan påstå sig ha blivit glada och harmoniska, och rentav tycker sig leva sina lyckligaste dagar.

Personligen tvekar jag dock. Den nu hudflängde Lars-Erik Pettersson på Skandia upplevde förmodligen lyckligare dagar medan han hade det knaprigare, innan han fick sina miljoner och bebodde någon lyxvåning på Strandvägen. Kanske längtar även Percy Barnevik tillbaka till de dagar då han inte hunnit bli varken stormrik pensionär eller begabbad företagsledare. Då han var nyutexaminerad och aldrig hade tänkt på att det fanns något som kallas ekorrhjul. Pengar är inte den avgörande nyckeln till lycka.

"Kärlek måste vi ha om än aldrig så litet", sjöng redan Ernst Rolf för länge sedan. I tidningarna finns varje dag ljuva fotografier av leende makar med längtansfyllda ögon, som annonserar att de firar guldbröllop. I notiser meddelas att de båda makarna uppfattade den dag de gifte sig som den lyckligaste i livet. Så händer det lyckligtvis ofta med kärleken, vilket känns tryggt att veta för den som månar om samhällets fortbestånd.

I den s. k. kolorerade veckopressen förekommer dock andra fotografier. Här rör det sig inte sällan om kändisar som separerat. Häromdagen läste jag om en kändis som påstod att han upplevde den dag då han separerade från sin f.d. älskade maka som den lyckligaste dagen i sitt liv. Så olika kan det vara här i världen.

Många trevliga människor som jag känner låter sig nöja med mindre anspråksfulla ting för att uppleva sina lyckligaste stunder. En lättjefull bohem i min bekantskapskrets anser att lyckan är som störst när han får ligga i en hängmatta mellan två björkar och lyssna på fågelsången en varm julidag. En annan, som ligger mer åt det kulinariska hållet, känner stor lycksalighet vid anblicken av vällagad chateaubriand och ett glas bordeaux.

En av de mera sällsynta aspekterna på lycka berättade tidningarna om, när Göran Persson utsåg sina nya ministrar. Som alla vet fick Jan O Karlsson tillfälligt upprätthålla posten som landets utrikesminister efter Anna Linds tragiska bortgång. Jan O Karlsson blev, som väntat, inte tillfrågad om att stanna kvar som utrikesminister. Inte heller blev han, enligt tidningarnas rapporter, ombedd att stanna kvar på sin tidigare ministerpost. Jan O Karlsson fick med andra ord sparken.

Till utfrågande reportrar, som ville veta vad Minister Karlsson tyckte om detta, svarade han: "Jag upplever det här som den lyckligaste dagen i mitt liv".

Det finns, som *Nordstjernans* alla kloka läsare känner till, många olika sätt att uppleva lyckan.

Världens gåtor – lösta och olösta

Det var 17 år sedan* Olof Palme mördades på öppen gata. Olof Palme och hans hustru Lisbeth vandrade gatan hem efter att ha varit på bio på Sveavägen i Stockholm. Hem kom de som bekant aldrig. Statsministern blev skjuten och avled på väg mot sjukhuset. Den enda person som påstår sig ha fångat in förövaren med sin blick innan han försvann in i en mörk gränd var hustrun, Lisbeth. Efter skottlossningen påbörjades en intensiv polisjakt. Den har inte tagit slut ännu.

Länspolismästare Hans Holmér var den förste som fick agera mästerdetektiv Kalle Blomkvist. Från början sattes 80 poliser in i jakten. En belöning utlovades på fem miljoner till den som kunde hjälpa till att få fast mördaren. Efter en tid utökades belöningen till 50 miljoner. Mängder av tips strömmade in.

När Lisbeth Palme konfronterades med en grupp tänkbara manspersoner pekade hon tveklöst ut en man vid namn Christer Pettersson. Christer Pettersson ställdes inför rätta och dömdes 1989 till livstids fängelse för mordet på statsministern.

Domen överklagades till hovrätten. Lisbeth Palmes vittnesmål, att hon tyckte sig känna igen Pettersson, ansågs inte vara tillräckligt som fällande bevis. Hovrätten släppte således Christer Pettersson fri igen. Eftersom han suttit fängslad för mord, som rätten inte kunde bevisa att han gjort sig skyldig till, tilldelades han också en präktig ersättning för oskyldigt frihetsberövande och psykiskt lidande när han frigavs.

Letandet efter mördaren fortsatte. Åtskilliga vattendrag runt Stockholm har muddrats för att finna den revolver som användes. Spår åt olika håll, såväl inom landet som utanför, har prövats. Svenskar, kurder, sydafrikaner med flera har kontrollerats.

Mästerdetektiven Blomkvist, alias Hans Holmér, har hunnit efterträdas av andra polisiära genier – Hans Ölvebro och Sigvard Marjasin fram till den nuvarande Palmeutredningschefen Stig Edqvist.

Edqvist leder en grupp av 12 poliser, som oförtrutet jobbar vidare med fallet. En informativ artikel i Dagens Nyheter berättar att Stig Edqvist och hans mannar håller sina morgonmöten klockan 9:00 och orienterar varandra om vad som är på gång.

80 000 människor finns registrerade i polisens vidlyftiga kartotek. Folk som på ett eller annat sätt undersökts, hört av sig eller påstått sig veta eller känna till någonting om mordet. Mordet är, och tycks förbli, en stor tragedi. Självfallet berördes det svenska folket djupt av att deras egen statminister – väl eller illa ansedd – sköts ner på öppen gata.

Nu, 17 år efteråt, när de emotionella stämningarna domnat av, framstår det efterföljande detektivarbetet, och alla detaljerna och turerna omkring den verksamheten, som anmärkningsvärda. Hela tillställningen börjar nå dråpliga proportioner.

Enligt DN är det nästan en omöjlighet att läsa in sig på hela utredningen. Den som är van att läsa juridisk text och klarar av att läsa 300 sidor varje dag i veckan, året om, måste hålla på nio år för att klara det betinget. Detta betyder säkerligen att ingen nu levande människa är totalt påläst och har en fullständig bild av alla trådar som det nystats i.

Men alla gåtor förblir inte olösta. En av van Goghs målningar föreställer en flammande gulröd måne, som går upp bakom en klippa. Åtskilliga lärda konsthistoriker har under åratal grubblat över denna målning. När målades den? Var det verkligen på det sättet, att en gulröd måne gick ner bakom en klippa? Eller var det någonting som van Gogh fantiserade om under sina sista år, då hans mentala sinnestillstånd inte längre var perfekt?

Nu har emellertid tre universitetslärare löst dessa kinkiga frågor, som en vetgirigt törstande publik länge ställt sig. Nyfiken forskning i kombination med idogt arbete ger resultat.

Astronomiska datorprogram har plockats fram. Gamla brev har analyserats. Kartor har granskats. Historiska väder-leksobservationer har satts under luppen. Saint-Remy-de-Provence, där van Gogh levde, har besökts.

Slutet på denna forskargärning är att man nu kunnat fastställa att van Goghs uppgående gulröda måne ej är någon fantasiskapelse. Månen befann sig verkligen bakom klippan då tavlan målades.

Forskarna har till och med lyckats tidsbestämma skeendet. Månen gick upp den 13 juli 1889. Det skedde på kvällen, åtta minuter över nio. Månen kommer att gå upp över samma klippa den 13 juli i år (2003). Just då har det nämligen förflutit precis sex nittonåriga måncykler sedan van Gogh målade sin tavla.

Det kallar jag ett lyckosamt detektivabete.

Artigheter och andra bortlagda företeelser

Ungdomar blev förr i tiden instruerade om de protokoll som bör iakttas av den som vill vara hövlig.

Artiga gossar bör bocka sig när de hälsar på äldre, snälla töser niga. Detta ligger inte längre tillbaka i tiden än att vi som har några år på nacken minns det. Vi har säkert ägnat oss åt bockande och nigande.

Som ung och osnuten pojke anlände jag i början på 40-talet från vischan i Närke till Stockholm för att börja i läroverket Nya Elementar. Det var givetvis ett spännande ögonblick för en yngling som aldrig sett trådbussar, vaktparader eller hus som sträckte sig mer än tre våningar mot himlen, att träda in i en bullrande verklighet.

Av en omtänksam mor hade jag fått förhållningsorder om att vara artig och bocka, när jag nu på egen hand skulle försöka föra mig i denna nya värld.

När jag, aningen nervös över stundens allvar, klev in i det läroverk där jag förhoppningsvis skulle inhämta nyttiga lärdomar, mötte jag i korridoren en mansperson elegant klädd i såväl ulster som hatt. Jag tog för givet att denne person måste vara – om än märkvärdigt ung – en av mina lärare. Väl medveten om behovet

14

att vara artig steg jag därför fram till personen ifråga, berättade vem jag var och bockade mig djupt.

Det var på den tiden då gossar och töser respektfullt bockade sig för sina lärare. Numera har jag förstått att det omvända gäller. Den lärare som inte uppför sig artigt löper risken att få en hurring av eleven.

När den välklädde ynglingen jag bockat mig för hängt av sig ulstern och vi båda gick in i klassrummet visade det sig att den som jag artigt bockat mig för var min blivande bänkkamrat, Pysse Wolgers. Han förstod nog omedelbart att jag var nyinkommen från vischan.

Långt senare i livet fick jag uppleva en annan något märklig artighetsbetygelse. Under min tid som chef för Lamco i Liberia deltog jag i en delegation av liberianska politiker som inbjudits till Sverige. Delegationen skulle bland annat få träffa och hälsa på den svenske kungen på självaste slottet.

Talmannen i den liberianska regeringen, Speaker Henries, var ledare för den liberianska delegationen. Denne allvarlige något grånade gentleman, som aldrig tillförne hälsat på en kung, var givetvis angelägen att bete sig artigt och följa det manér som det svenska protokollet föreskriver. Speaker Henries iakttog därför noga hur alla de damer betedde sig, som först hälsade på kungen. Han betraktade med viss förvåning de djupa hovnigningar de gjorde.

När det därefter blev Speaker Henries tur att hälsa på kungen visste han hur det skulle gå till. Han närmade sig kungen, knixade med benen och utförde därefter en perfekt hovnigning. Kungen mottog med förvånade, glada ögon denna artighetsbetygelse.

En epok försvinner

Långt innan Elvis Presley tog strupgrepp på hela världens musiken-
tusiaster samlades i varje fall många i de svenska stugorna och
lyssnade i sina radioapparater på mer smekande melodier.

Under krigsåren fick åtskilliga romantiskt lagda personer tårar
i ögonen när Ulla Billqvist sjöng "Du är min soldat, någonstans i
Sverige..." Det var då det! På den tiden kvittrade andra sångerskor
om att "det ska vara en fänrik i år".

Snart kommer det inte längre att vara befogat att sjunga om en
soldat, någonstans i Sverige. Det kommer nämligen inte att finnas
en enda skäggig soldat som troget står i mörkret och fryser med
sin bössa medan han vaktar våra gränser. Det är inte heller troligt
att någon förälskad tös i framtiden kommer att drömma om en
fänrik. Sannolikt kommer det inte att existera några fänrikar att
drömma om.

Det svenska försvaret skall i princip skrotas. Regementen
skall läggas ner. Gamla kasernbyggnader skall göras om till äldre-
vårdsanstalter eller bingohallar. Vad som skall hända med de glada
officersmässarna, där det serverades ärtsoppa och varm punsch
på torsdagarna, vet kanske inte ens Leni Björklund, vår vördade
försvarsminister.

Om allt detta finns kanske ingen anledning att förfasa sig.
Omvärlden ser helt annorlunda ut nu än den gjorde på 91:an

Karlssons tid.

"Det säger sig självt att en måste va´ beredd om ryssen kommer," sa Erik Karlsson, som var rättare på Bro, när jag växte upp.

För Erik var det uppenbart att alla ungdomar skulle rycka in till I 3 i Örebro och lära sig hantera mausergevär och marschera i takt. Så resonerade de flesta på den tiden. Det var inte uteslutet att ryssen kanske kunde komma.

Nu finns det förmodligen ingen ryss att vara rädd för. Hoten är av annat slag. Terrrorister kan slå till när som helst och hur som helst. En självmordsbombare kan sätta det mesta ur spel. Det ser vi nästan dagligen hemska exempel på från alla hörn av världen.

Att världen inte har några hörn är en annan sak. Dessutom bör Sverige göra sig berett att hjälpa till om någonting djävligt blossar upp i andra delar av vår världsdel, Europa.

Nej, det är säkert inget att förfasa sig över att försvaret lika väl som all annan verksamhet måste anpassas till de förhållanden som nu råder. Men ändå. Det är någonting märkligt med försvaret. Försvaret har under tidernas gång gripit in i den enskilda svenska människans liv på ett sätt som saknar motstycke.

Män i min egen generation kan knappast träffas utan att prata beväringsminnen . En museichef jag känner älskar att informera mig om de problem han hade vid persedelinlämningen på LV 6 i Göteborg. Skjorta-permission och Hylsa-patron hade han alltid svårt med. En glad direktör i min bekantskapskrets lyckades aldrig bädda sin säng till furirens belåtenhet. Han fick bädda om flera gånger. Hans nuvarande hustru förstår varför.

Inkallelsernas tid och minnen svetsade samman många för livet. Ivar i Falltorpet var inkallad att bevaka någonting, kanske en järnvägsövergång, i det lilla samhället Frövi, dit sällan några tåg går numer. Hans minnen från Frövi är glänsande.

Det fanns en hel patrull beväringar under ledning av en sergeant från Trelleborg, som såg till att inga fiender intog bron i Askersund. Någon som helst risk att den bron skulle intagas fanns givetvis inte. Men bevakningsminnena har muntrat upp livet för dem som ingick i bevakningspatrullen.

Kadettbaler på Karlberg var på sin tid "gefundenes fressen" för den kolorerade pressen. Många stiliga damer närde säkert hemliga drömmar om att få dansa ut i en Straussvals på en sådan tillställning och i Veckojournalen se sig själv i armarna på en ståtlig kavaljer som fått en stjärna på rockklaffen.

Om det var få förunnat att deltaga i sådana spektakel så gick det andra tåg också. Beredskapsrevyer spelades upp litet varstans i Boden och Herrljunga. Frejdiga lottor serverade varm choklad och bullar vid förläggningarna. Romantiken hade robustare förtecken.

I de stora garnisonsstäderna kretsade livet ofta kring de fina regementena. Dit drogs många gånger de fagra töser som hyste planer att i framtiden få titulera sig som kaptenska, majorska eller i allra bästa fall för generalska.

I det lilla samhället Karlsborg vid Vättern låg LV 1. Överste Bengtsson var högste chef för det regementet. Därmed var han givetvis också den som stod Sveriges Konung närmast i det samhället. Att han till råga på allt dessutom råkade vara bror till Frans G. Bengtsson förminskade inte hans upphöjdhet.

Många är de städer som i och med nedläggningarna av gamla stolta regementen kommer att bli av med människor och tappa den glans de en gång ägde – Skövde, Sollefteå, Strängnäs och flera andra.

En epok försvinner. Och den epoken innehöll så mycket mer än taktfast marschmusik, ärtsoppa, hårdhänta furirer och välbäddade sängar.

En strejk med många sympatisörer

Kommunalarbetarna strejkar. Många människor levde länge i tron att en typisk kommunalarbetare var en person som halvsovande stödde sig på sin spade. Den minnesbilden är numera fel, eller i varje fall starkt ensidig.

Kommunal är ett stort fack, som innefattar många olika yrkeskategorier – lärare, undersköterskor, vårdpersonal, parkeringsvakter, renhållnings arbetare och många fler hedervärda strävsamma i vingården. Hundratusentals medlemmar av denna organisation är sedan någon tid i strejk, en strejk som givetvis lamslår stora områden. Skolor stängs, föräldrar får leka med sina barn på jobbet stället för att köra dem till en kommunalanställd fröken på dagis, operationer på sjukhusen får senareläggas o.s.v.

En undersköterska tjänar idag cirka 16 000 svenska kronor per månad. En lön av den storleken menar de flesta att det är det svårt att leva på i stora delar av dagens Sverige. Att jobba som undersköterska är heller ingen sinekur. De får ligga i från morgon till kväll med synnerligen pressande arbetsuppgifter.

En stor del av landets befolkning har fått klart för sig vilka beundransvärda, slitsamma och otacksamma jobb som just vårdpersonal utför. Därför har många av de strejkande mötts av allmänhetens varma sympatier. 84 procent av alla tillfrågade stöder strejken. Många känner en spontan sympati med personal inom vård och äldreomsorg och vill att deras arbete skall uppvärderas. Vem vill inte att den syster som tar hand om en om man blir sjuk får en hygglig ersättning och känner sig uppskattad?

Det är betydligt mer tveksamt om parkeringsvakter omsluts av samma sympati. Klädda i sina blå arbetsdräkter samlas grupper av strejkande utanför skolor, sjukhus och andra ställen för att kontrollera att inga strejkbrytare smiter in på deras domäner. "Vi tar fajten!" står det på plakat, som bärs runt i stan. (Även strejkspråket använder sig numera av engelska ord, som för säkerhets skull försvenskats i stavningen).

Det något bisarra med denna strejk är att även många företrädare för motparten, d.v.s. arbetsgivaren-landstingen, anser det befogat att de strejkande skall få mer betalt. Varför kommer man då ej överens?

Problemet är, att landstingen inte har råd att höja några löner. Skatterna är som bekant redan höga i detta avlångt vackra land. Att öka skattetrycket anses varken vara någon populär eller framkomlig väg till framgång. Regeringen, kommunerna och landstingen måste också spara.

Välfärdsstaten har i detta sammanhang – om inte nått till vägs ände – så åtminstone till en paradox. Det tycks ej vara möjligt att tillfredställa alla de tre konkurrerande komponenterna i dramat, d.v.s. att förse samhället med väl fungerande service och samtidigt gå med på berättigade lönekrav utan att öka skattetrycket till revolutionära nivåer. Ekvationen går helt enkelt inte att lösa. Slutet måste bli en kompromiss i vilken någon eller några av komponenterna tvingas böja sig en aning.

Och så är det nog med det mesta här i världen. Vi lever i kompromissernas tidevarv.

Släpp fångarna loss

När vårens ljuva värme närmade sig Sverige diktade för länge sedan Birger Sjöberg, som var en utomordentligt vänlig själ, sin livsbejakande sång: "Släpp fångarna loss, det är vår ..."

Sådana tankar drabbar oss säkert lite till mans. Från ett rent mänskligt perspektiv känner vi stundom förbarmande med de stackars människor som sitter inspärrade i en bur. Att de sedan sitter i sinkaburum på grund av att de gjort diverse illdåd och kanske skulle utgöra en fara för andra människor om de släpptes ut, bortser vi – precis som Birger Sjöberg – ifrån när fåglarna sjunger i snåren och friheten framstår som det väsentligaste här i livet.

Under den svenska sensommarens sista skälvande dagar detta år har det idkats strömhopp från våra mest bevakade fängelser. Detta har inte berott på att fängelsedirektörerna i sann Sjöbergs anda gripits av medömkan med de inspärrade. Cheferna för kriminalvårdsanstalterna i Kumla, Hall, Norrtälje och Mariefred har inte stegat fram med sina nyckelknippor till fängelseportarna och öppnat dem och utbrustit i "Släpp fångarna loss...". Nej, så har det inte gått till.

Fångarna har tagit saken i sina egna händer och schappat från sina celler. Det visade sig inte vara så svårt att schappa från de bevakade bunkrarna som många trodde. Visserligen bedyrade statsmakterna att samtliga nyss nämnda anstalter är hårdbevakade och rymningssäkra. Sensommarens händelser visar oss tydligt att det inte var så värst mycket bevänt med den rymningssäkerheten.

Det började med Norrtälje. Från fängelset i Norrtälje försvann en solig dag några fångar i bil ut i friheten. Bilen stod parkerad intill fängelset. Med gasen i botten gick det bra att braka genom en del sköra portar och ge sig iväg.

Rikslarm gick. Polishelikoptrar lyfte. Riksvägar avspärrades. På TV och radio följde svenska folket jakten på de förrymda fångarna. Allteftersom det uppdagades att det var illa ställt med säkerheten på landets mest välbevakade fängelser växte folkets vrede. Någon eller några måste ställas till svars för bristerna.

Justitieminister Thomas Bodström tvingades flyga från sitt sommarviste på Fårö och anlända till huvudstaden för att beklaga att rymningar tyvärr skett från rymningssäkra fängelser. Med illa dold glädje påpekade han att rent statistiskt var säkerheten bättre än den varit då de borgerliga regerade. På den tiden rymde än fler från sina anstalter. Nu lovade han dock att det skulle byggas ännu mer rymningssäkra fängelser.

Fredrik Reinfeldt och de andra oppositionsledarna krävde justitieministerns avgång. Det hör till spelets gång. De hävdade med patos att justitieministern bär det yttersta ansvaret för att rättssäkerheten fungerar. Därför måste han ta sitt ansvar och överlåta jobbet på någon mer kompetent person, bullrade oppositionen.

Efter några dagar fångades rymlingarna in och de utpumpade polishelikoptrarna fick landa.

Snart var det emellertid dags igen. Från det vanligtvis fridsamma Mariefred, där en annan rymningssäker anstalt är förlagd, rymde två – av media betraktade som farliga – fångar. Samma visa upprepades. Helikoptrar lyfte, rikslarm utfärdades, vägspärrar upprättades och polisstyrkor från kringliggande län kallades in. TV och radio tvingades återigen meddela det smått förfärade svenska folket att nya fängelsekunder sluppit ut. Jakten gick denna gång mestadels i Bergslagen. Skräckslagna sommarstugeägare bommade igen sina stugor och reste hem.

Justitieministern hade knappt hunnit återvända till semestern på Fårö förrän han åter måste tillbaka till Stockholm och bedyra att han fortfarande verkligen arbetade hårt för att säkerheten skulle vara betryggande.

När flykten från Mariefredsanstalten annonserades meddelade kriminalvårdsstyrelsens chef, Lena Häll Eriksson, att hon fått nog. Hon lämnade sin post som generaldirektör.

Efter några dagar av intensiv – och säkerligen mycket kostsam – jakt fångades de nya rymlingarna in i Degerfors. Thomas Bodström utnämnde på stående fot en ny generaldirektör. Samtidigt som han prisade den nytillträdande generaldirektören bedyrade han att det tidigare valet av Häll Eriksson varit motiverat.

Fredrik Reinfeldt, Lars Leijonborg, Maud Olofson och Göran Hägglund vidhåller att en trappa skall sopas uppifrån och ner, inte tvärtom. Enligt dem är det därför självfallet Bodström som bör gå först.

Det är bara några dagar sedan jag skrev ovanstående. Efter detta har ännu inga nya rymningar ägt rum. Ta i trä. Mindre vänliga tidningar kan dock inte undanhålla sig att ge Thomas Bodström några tänkvärda ord på vägen. I en liten blänkare i DN rekommenderas Bodström att han för att undvika ständiga flygresor från sommarvistet på Fårö kanske borde överväga köpa sig ett sommarviste mer i närheten av nu existerande fängelser.

Kumla lär vara en vacker trakt där det även finns mindre kostsamma sommarhus till salu.

BEMAN-04

Hänryckningens tid

"Kinderna hettas på dräng och på piga
Luften står smällfull av mygg och amur
Och ner på ängen syns Janssons kviga
dansa besjälat runt Sjöbloms tjur"

Ovanstående rader är vad jag just nu här ute i skärgården minns av en av Ture Nermans dikter. Jag ber honom djupt om ursäkt om jag brustit i någon formulering.

Ture Nerman blev ofta rusig av glädje när han skrev sina verser om våren. Den egenskapen har han gemensamt med många svenskar. Inte minst med mig. Själva luften bjuder på lättsinne. Doftande konvaljer, smörgula maskrosor och häftigt röda tulpaner. Lägg därtill ljumma sommarvindar. Ivriga syrener, som inte kan lugna sig utan bara vill föröka sig i lila skönhet. Häggen, som låter sina vita sjok behagfullt bara hänga som sinnliga dekorationer i naturen. Kastanjeträden stoltserar med sina praktfulla blommor. Knopparna på allt växande bara spricker av rusig glädje.

Näktergalarnas skönsång, sädesärlornas vippande promenader på nygröna gräsmattor och gökarnas dunkla lockrop i stilla sommarhagar. En liten tid – försvinnande kort – förvandlas naturen till ett paradis av färg och doft.

Människor anpassar sig snabbt till att leva i paradiset. Varma kläder åker av. Slipsarna ryker. Fram kommer lätta, kortärmade skjortor, öppna halslinningar, luftiga blusar och fladdrande kjolar. Folk till och med förflyttar sig annorlunda. Det blir en annan svikt i gången. Mera leenden och kättja i blickarna. Sinnena blir vidsynta. Släpp fångarna loss, det är vår.

Tidigare tömdes Stockholm när skolarna tog sommarlov. Då examen var avklarad och "Den blomstertid nu kommer" var avsjungen flyttade familjerna ut till landet eller skärgården. Det bjöd ofta på omfattande planering och arbete att flytta ut till en primitivare tillvaro under några korta sommarmånader. De gamla torpen på bonnalandet och skärgårdens grosshandlarvillor med sina glasverandor fick stå tomma till långt fram i juni, innan de invaderades av sommarsugna stadsbor.

Nu för tiden går det snabbare. De flesta har snabbgående bilar. TV, PC:n, mobiltelefoner och andra nyvunna förnödenheter funkar dessutom varhelst människan bor. Därför behöver folk inte vänta på skolavslutningar för att fly stan. Alla dessa förändrade förhållanden förändrar stadslivet så snart häggen börjar blomma, näktergalarna begynner sina solosånger och folk ömsat till sommarkläder. Stockholm blir tunnare och tunnare på stockholmare allteftersom temperaturen stiger. Stan avfolkas.

Urinvånarna ersätts av busslaster av turister från Mjölby och Vetlanda. Bussar från landets alla hörn står i rader på Skeppsbron medan passagerarna får bekanta sig med Kungliga Slottet och Vaktparaden. De stora båtarna eller färjorna österifrån, som mer liknar flytande kolosser än båtar, lastar av tonvis av folk. Nyfikna drar de sig upp mot Västerlånggatan för att se vad stan har att har att bjuda. Gröna Lund lockar med berg och dalbanor, radiobilar, internationella artister och sockervadd.

Nere vid kajerna runt Grand Hotell ligger de flesta skärgårdsbåtarna. Waxholms Ettan, Tvåan och Trean, Vindö, Storskär, Möja och allt vad dom heter. I decennier har de seglat runt till de många öarna i skärgården. Förr drevs de med ånga. Nu har de mestadels kraftfulla dieselmotorer, men ångbåtstutningarna är desamma som i gångna dar.

Skärgårdsbåtarna är välbekanta, för att inte säga älskade, farkoster med sina välkända silhuetter. I såväl lätta sommarvindar som i vintrig issörja har Waxholmsbåtarna trafikerat ö-världen. De har varit bringare av såväl nyttigheter och onyttigheter som passagerare till isolerade kobbar och skär. Vaxholmsbåten till Norrtälje blev under många år särskilt omtyckt för den biff med lök och potatis som serverades i höjd med Lindarö på resan upp genom Furusundsleden.

På en av dagens båtar fungerar den folkkäre skärgårds-konstnären Roland Svenssons son som skeppare. Roland själv är tyvärr inte längre i stånd att måla sina stämningsfulla tavlor eller skriva sina fina skildringar om skärgården och dess befolkning. Roland Svensson framlever sina dagar i stillhet på ett hem vid utloppet från Stockholm vid Danvik. Varje gång hans son passerar Danvik med sin skärgårdsbåt saluterar han emellertid en hälsning med äkta tutningar från skärgårdsbåten till sin far. En fin och värdig hyllning till den folkkäre konstnären och författaren.

Ute på Torö håller vi till. Torö ligger ganska långt ut i havsbandet. Landsorts fyr lyser in i vårt vardagsrum såvida inte tjockan står tät. På Torö har funnits lotsare och fiskare i alla år.

Landsortslotsarnas uppgift har sedan urminnes tider varit att leda fartyg genom de krångliga farvattnen mellan Landsort och Sandhamn. Den mänskliga närvaron av en erfaren lots är lyckligtvis nödvändig även i våra dagar trots all elektronik och teknik.

Dyrt för kungen med trängselavgifter

Nya tider ger upphov till nya ord. Ett nytt ord i Sverige just nu är "trängselavgifter".

Den som tror att det gäller en särskild avgift som måste betalas om man vill trängas med 40,000 andra fotbollsentusiaster på Råsunda, när AIK spelar derby mot Djurgården, har definitivt fel. Inte heller har det någonting att göra med Skansens dansbana en ljum lördagskväll. En trängselavgift är istället den slant som inbitna bilister måste betala om de absolut vill köra bil i Stockholm under rusningstider.

Det råder politisk strid om trängselavgifter. Några politiska partier lovade vid Gud att införa trängselavgifter om de vann valet. Andra partier lovade att aldrig i livet införa trängselavgifter om väljarna gav dem sitt stöd. Slutet på visan tycks bli att stockholmarna måste punga ut med trängselavgifter någon gång nästa år.

Argumenten för och emot denna form av pålaga är givetvis ädla och storsinta. De som vill ha dessa avgifter hävdar att den onödiga biltrafiken smutsar ner stan, gör köerna odrägliga, fördärvar miljön, tvingar fram nervsammanbrott och förhindrar kollektivtrafikens behändiga framfart. Därför måste bilförare tvingas betala för det ofog de ställer till. Folk måste lära sig att färdas kollektivt och inte sitta i var sin bil.

Argumenten emot är lika fängslande korrekta. Pålagor är i princip alltid av ondo. Oinskränkt frihet måste gälla i alla väder. Detta visste redan Biskop Thomas. Var och en måste ha rätt att ta sig fram som behagar honom eller henne. Etc.etc.

Häromdagen lät sig Kungen orienteras av borgarråden i Stockholm. De åt en behaglig lunch tillsammans i Gyllene Salen. Kungen fick sig till livs alla argumenten för och emot.

På den kungliga frågan hur alla inkomna avgifter skall användas fick han veta att de kommer att brukas att förbättra kollektivtrafiken och därigenom även miljön. Ett hugnesamt svar, tyckte kungen.

Men vid närmare eftertanke rynkades den kungliga pannan. Kungen har som bekant sin bostad i Drottningholm och sitt kontor på Slottet. Kungen tvingas därför i sitt ämbete nästan dagligen att fara ut till Drottningholm för att klä upp sig till olika evenemang. Trängselavgifterna kan därför komma att drabba honom hårt. Livet blir dyrare också för ett Majestät.

BEMAN-04

Hänga tvätt eller fiska abborre

I de trånga gränderna i Rom, Paris, Atén lika väl som i andra syd-
europeiska städer har vi nog alla sett hur tvätten hängs ut från
ett fönster på grändens ena sida till ett annat fönster på grändens
motsatta sida. Tack vare ett litet rullrev går det att hänga ut skjor-
tor, nattlinnen och trosor på morgonen när tvättningen är avklarad.
Framemot kvällningen, när solen värmt och luften torkat tvätten,
rullar man behändigt tillbaka hela det doftande kalaset.

Liknande agremanger ser man inte ofta i Sverige. Inte ens syns
det till i Gamla Stan, där gränderna är trånga och tvätt mycket väl
skulle kunna hängas ut mellan kåkarna. Kanske beror det på att
vi svenskar är bortskämda med tumlare i tvättstugor och andra
snabbverkande moderniteter. Eller vill vi inte ha rullrevsförbindelse
med grannen på andra sidan gatan?

På sätt och vis är det synd. Själv tycker jag att det ger en
familjär stämning åt en gatumiljö, när det fladdrar pyjamasar
mellan fönstren. Är jag månne ensam om att anse, att fantasin får
näring av att betrakta persedlar, som hänger på tork?

Har ni förresten tänkt på hur enormt stora kalsonger, som
just tvättats och obehindrat tillåts svepa i vinden, kan se ut? Man
frågar sig hur den person egentligen ser ut som skall klä sig i denna
väldiga kalsong.

Nåväl. Min avsikt just nu är ej att slå ett slag för de sydeuropeiska grändernas metoder att hänga sin byk. Mitt intresse för rullrevsmetodiken har helt andra bevekelsegrunder.

På somrarna brukar jag lägga nät ute på Konabbsfjärden. I sammandrag går det till på följande sätt. På kvällen drar man igång snurran och tuffar ut i båt med näten. Det är en lycka bara det. På båtturen ut med näten skall det sjungas. Fiskelyckan, fjärden, sommaren och firrarna kräver det. Vår sång har under årens lopp alltid varit densamma:

> "Det var en gång en sjöman, med mössan käckt på svaj,
> Han hette Axel Öman och hade blå kavaj
> I kärlek rikt begåvad. Hans fästmö hette Maj.
> Hon var förut förlovad med en som var malaj…"

Tack vare den sången har åtskilliga flundror och sikar lämnat Konabbsfjärden. Helst bör man var två som deltar. En, som ror båten medan den andre lägger näten mellan två vakar. När tuppen gal i ottan nästa morgon krävs det återigen två personer att ge sig ut med båten för att ta upp näten.

Åren tar ut sin rätt sägs det. Jag kan själv intyga att det ligger en hel del i detta talesätt. Det har blivit krångligare med åren att med viga hopp skutta upp och ner i en guppande båt. Min tåliga och vackra hustrus intresse att deltaga i båtfärder och fiskerier har med åren också dämpats. Mina funderingar över de problem jag sålunda stött på vad gäller fångsten av Östersjöns delikatesser ledde mig så småningom fram till de sydeuropeiska gränderna.

Skulle det inte vara möjligt göra på samma sätt med ett nät, som fransoserna gör med kalsonger och dylikt?

Jag invigde Rune, min utmärkte granne som till råga på allt också är yrkesfiskare, i mina funderingar. Och se! Nu är det klart. En röd boj har placerats tjugo meter ut från vår brygga. Mellan denna boj och bryggan har vi installerat en rullrev. På kvällningen kan jag därför nu i lugn och ro bege mig ner till bryggan, haka på ett nät och stilla veva ut. Sången om Axel Öman får dock ej glömmas. Nu sjungs den från bryggan.

Nätet bjöd Rune på – ett gammalt abborrnät som Runes far

senast hade använt för trettio år sedan. Inga båtmotorer att starta, inga vakar att göra i ordning. Och framför allt: Inga vågade, viga hopp. När morgonen gryr är det bara att bege sig ner till bryggan igen och veva in nätet.

Första fångsten blev inte dum. Två stora abborrar och ett antal flundror sprattlade i nätet när veven gick. Rökta abborrar är en delikatess. Flundror långsamt stekta i smör smakar inte pyton heller. Grändernas metod går bra här uppe i Norden också.

BEMAN - 04

Skärgårdsliv

Ute på Herrhamraleden syns många segel under sommaren. Semesterveckor. Korta som blixtvisiter. Smäckra, nyfernissade båtar, som på grund av vårt nordiska klimat tvingats ligga på land och tråna under presenningar alltför många vintriga månader, dansar ännu i nigande valser ut över sköna fjärdar mot lummiga öar i Trosas eller Sankt Annas skärgårdar.

Herrhamraleden, en urgammal fartygsled, går rakt över Konabbsfjärden. Den som kommer seglande från Stockholm söderut kan se Landsortsfyrens vita torn om babord och Torö om styrbord. Torö har en intressant och händelserik historia. Spår av stenåldern har påträffats lite varstans. Järnåldern finns representerad med flera lämningar. Torös lilla träkyrka är från 1600-talet. Sydost om kyrkan ligger Storbyn, en bybildning med anor från 1200-talet.

Innan utsocknes folk invaderade Torö och började bygga sommarhus i denna vackra natur med sina krokiga martallar, blankslipade hällar och andra ljuvligheter, fanns här ett segt släkte av skärgårdsbor. En del tillhörde den fiskande allmoge, som livnärde sig på någon enstaka ko och bedrev säsongsfiske av strömming. Andra hade jobb som lotsar eller tullare. Landsorts fyr, den äldsta svenskbyggda fyren i landet som uppfördes 1669, gav också anställning åt Torös unga män.

Vår granne Rune Lagerström är en ättling av en av de gamla Torö-släkterna av yrkesfiskare.

Gustaf, som dog häromåret när han passerat 100 med råge, var hans far. Gustaf kunde berätta åtskilligt om torskfiske i hårt väder, säljakt ute på kobbarna och om skutor från Polen som gått på grund i hårt väder utanför grynnorna runt Karvasen. Frågan är om inte en del av fiskarna ändrade litet smått på sjömarkeringarna när det blåste upp. Det blev säkert ofta några flaskor fin konjak som tack för den räddningshjälp de kunde bistå skutor med som gått på grund.

En svunnen tid

Nu finns inte längre så många yrkesfiskare kvar. Gustaf kunde försörja hustru och sex barn på sitt fiske. Det går inte längre. Så mycket fisk finns inte kvar. De barn som bor kvar i bygden drygar ut levebrödet med att laga bryggor åt sommarfolket från stan.

Anders Zorn och Albert Engström kom, när de levde, utseglande till målaren Acke om somrarna. Acke hade husrum, jaktstuga och en fin vik på södra Torö att ankra i. Bland äldre i bygden berättas det ännu om det glada leverne som ägde rum när de tre konstnärerna firade sommar hemma hos Acke. Sorglösa dagar. Muntra, rundhylta flickor skrattande i skrevorna.

Torö butik fick dock sitt uppsving långt senare. Det skedde när Simon Spies byggde sitt sommarparadis på ön. Simon Spies var inte bara en ytterst framgångsrik affärsman, han var den förste att lära svenska folket att sola sig på Mallorca. Han var också en originell och högst okonventionell person. Simon hade långt fladdrande hår och gick gärna, i varje fall när han besökte Torö, klädd i fotsida vita nattlinnen.

När jag första gången fick syn på Simon Spies kom han vandrande på landsvägen till Torö butik dit jag var på väg med vår son, Joakim, som då var en liten pojke. Joakim var den av oss som först lade märke till vandraren i det vita nattlinnet med det fladdrande håret. Joakim var övertygad om att det var Jesus han såg komma gående. Jag nödgades förklara för honom att personen i stället hette Simon Spies.

Simon Spies originalitet tog sig många uttryck. Varje morgon kom en helikopter från Köpenhamn farande över ön. När den kom till Simon Spies sommarparadis släppte den av dagens paket till Simon. I det paketet fanns dagens nummer av Berlinske Tidende jämte danska wienerbröd. Busslaster med sköna damer från Spies reseimperium anlände också till ön för att förljuva Simons tillvaro. Torö butik gjorde strålande affärer.

Det var kärvare förr

På Torö finns en aktiv hembygdsförening. Föreningen ger ut en liten utmärkt tidning: Toröbladet. I den tidningen berättar ättlingar till gamla släkter på Torö om säregna händelser och unika personligheter. I ett senkommet nummer berättas om Otto Engström.

Otto var väldigt förtjust i sirap. Han ville ha filibunke med sirap varje dag. Strax efter att kriget brutit ut 1914 var han till Landsort för att handla sirap. "Vi har ingen sirap, för det är krig". Då blev Otto arg och svarade: "Di krigar väl inte med sirap heller!"

Otto Engström föddes på Leskär 1815. Otto fick anställning vid tullstationen på Leskär. Han gifte sig med Lina. Han träffade Lina i Södertälje, där hon jobbade på ett kafé. Lina hade mörkt hår som hon smörjde in med rovolja så att det blev blankt. Leskärsborna varnade - "det förstår du väl, att hon inte kan klara ett liv här ute på skäret".

Men giftermål blev det.

De flyttade in i stugan på Leskär. Stugan hade ett rum mot söder och ett litet kök mot norr. Dessutom fanns en glasveranda utmed husets västra vägg. Otto skaffade sig också en ko.

Otto och Lina fick åtta barn och tog dessutom hand om ett fosterbarn.

När Otto gick i pension 1890 flyttade han och Lina till en stuga på Krokskär. Varje månad rodde Otto ut till Landsort för att hämta sin pension. Åren gick. På morgonen den 6 juli 1915, när Otto vaknade, ropade han som vanligt på Lina, men Lina kom inte. Hon stod på knä vid sin säng, död.

Folk kom till hjälp. Augusta och andra snälla människor tog hand om Lina och gjorde henne i ordning och hjälpte Otto med frukosten. Det skulle bli välling så man satte på en kastrull med mjölk på spisen. Folk kom och gick.

Alla ville ju se liket. Otto satt där och väntade. Uppståndelsen blev för mycket för Otto, som till slut dunkade näven i bordet och ropade – skit i liket och se efter mjölken!

De seglare jag nu ser ute på Herrhamraleden lever helt visst i en annan värld än den som rådde på Ottos tid.

Obervationer om radiolyssnande

Sveriges Radio är en hedervärd organisation. Redan på de gamla kristallmottagarnas tid satt folk i stugorna och lyssnade andäktigt. Sten Bergman berättade på sitt strama och oefterhärmliga sätt om hur det stod till i djunglerna på olika håll i världen. Eller kanske var det i Tibets utkanter. Sven Jerring höll brevlåda för de minsta, när han inte stod i Mora och väntade på att Nils Karlsson skulle komma först i mål i Mora som vinnare av Wasa-loppet. Sten Broman presenterade kluriga musikfrågor om Johan Sebastian Bach och optimisten Ludde Gentzel roade hela Göteborg på lördagskvällarna. Herbert Grevenius bjöd på teater. Till och med i Askersund kunde folk få lyssna till och roas av Anders de Wahl som Swedenhjelm eller försättas i nationell hänryckning när han läste Nyårsklockan från Bredablick på Skansen.

Sveriges radio har långa traditioner. Förr i tiden fick svenskarna nöja sig med en endaste kanal. Nu har varje län med självaktning sin egen kanal.

Södermanland, Närke, Västergötland och hela raddan av andra län använder sig av etern för att berätta om sin existens.

Under de senaste månaderna har jag lyssnat på folk som ringer in och berättar sina uppfattningar om den värld vi lever i. Ring P1 heter programmet. Varje morgon kör programmet igång och håller på en halv timme. När jag på morgonkvisten tar bilen in till

Nynäshamn för att gå på Systemet eller utföra andra synnerligen tvingande ärenden och knäpper på kanal 1 möts jag alltid av radiolyssnare från hela landet. Lyssnare som har något på hjärtat och som drivs av längtan att få sprida sina uppfattningar. Ring in om du har en uppfattning om någonting.

Efter att tålmodigt ha avlyssnat dessa program finner jag det intressant, och kanske rentav märkligt, att så många har en sådan uppsjö av uppfattningar om så mycket. I morse lyssnade jag på Hilmer Andersson från Kumla. Han fann det angeläget att ringa in och berätta att han tycker det kostar Sverige alldeles för mycket att ta emot invandrare. Visserligen sade han sig inte ha någonting emot invandrare, men han kunde likväl inte förstå varför dessa invandrare inte ville stanna kvar i sina hemländer.

Efter Hilmer kom turen till Kerstin Torstensson från Fjugesta. Kerstin hade en pipig röst och var högeligen irriterad, för att inte säga störtförbannad, över att postkontoret är nerlagt i Fjugesta och att hon nu måste gå till ICA för att sända sina paket. I sin upprördhet frågade hon sig vilket tjuvsamhälle det är som hon lever i som inte ens har ett postkontor i Fjugesta!

En något gnällig person från Vetlanda ringer in för att meddela att hon anser det svenska vädret börjar likna pyton. Hon ifrågasätter om inte det ihållande varma vädret i Sverige möjligtvis beror på vårt medlemskap i EU. Hon har hört att EU har en fånig jord-brukspolitik.

En glad värmländska från Fryken tycker att poliserna är på tok för hårdhänta mot demonstrerande ungdomar. Hon vet av erfarenhet, påstår hon på sjungande ljuvlig dialekt, att unga människor nästan alltid är hyggliga. De blir både ledsna och sturiga om man försöker hota dem med batonger.

En argsint herre från Göteborg är av motsatt uppfattning. Slynglar som kastar sten och pangar fönsterrutor kan man inte klema med. Någon ordning och reda måste det finnas. Stryk skulle de ha! Det vill han att alla radiolyssnare skall veta.

Det är åtskilliga tokigheter och befängda stollerier som hinner framföras på en halvtimme. Ändå stänger jag inte av programmet. Jag lyssnar vidare, ömsom road och ömsom konfunderad. Många av dem som ringer in är förmodligen djupt förbannade över någon företeelse. De tycker att det är dags att säga ifrån om någonting. Andra kanske lider av ohämmad pratsjuka. Förmodligen finns det också några som tycker det är ett steg mot berömmelse att få komma till tals i radion. Någonting att stoltsera med: "Jag sa i alla fall ifrån i radion." De stackars programledarna blir ibland villrådiga. Skall den inringande tillåtas att tala till punkt även då det står klart att vederbörande framför synpunkter som ligger så långt från rim och reson som tänkas kan?

Kanske ger program av det här slaget en värdefull själslig terapi. Människor har behov av att prata ut om det som angår dem. Det är en allmän observation, som det är svårt att vederlägga. Var skulle den alltmer stigande kåren av yrkespsykologer hämta sina kunder från, om det inte förhöll sig så? Ser man det på det sättet tillhandahåller Sveriges Radio alltså ett reningsbad för åsiktsmänniskor med behov att sjunga ut om sina uppfattningar varje morgon i P1. De kanske till och med blir trevligare hemma om de får gnälla färdigt i radion.

Ett annat bra argument för Ring P1 är att programmet har stort underhållningsvärde. Stora skaror knäpper på radion så fort programmet startar. Många skaffar sig själva argument för vad som rör sig i samhället genom att lyssna till vad andra tycker, kanske ofta genom att tycka tvärsemot. Till underhållningsvärdet kommer också att de som ringer in sina synpunkter hämtat sina åsikter från skilda orter och verksamheter. Frejdiga ölutkörare i Mjölby förekommer i samma gäng som försiktiga sömmerskor i Alvesta och sturska beväringar från Karlsborg. Sävliga skåningar, eftertänksamma norrbottningar och vitsiga göteborgare förmedlar sina åsikter på sina hemorters måleriska dialekter.

Kanske finns program av det här slaget på många håll i världen. Jag kan dock ej påminna mig att jag hört något liknande på de andra ställen i världen jag levt. Kanske är det till sin natur något mycket svenskt.

Hur det än må vara på den punkten, ser jag fram mot att lyssna på P1 varje gång jag har tvingande skäl att bila in till Nynäshamn.

Ofrånkomliga traditioner

Nu börjar svenska folket samla sig. Samlingen sker på Skansen. Det är som ni vet på Skansen som tiotusentals människor bänkar sig för att sjunga. Svarte Rudolf, Dansen går på Svinsta skär, Calle Schevens vals, En sjöman älskar havets våg och alla de andra välkända melodierna som kittat ihop skåningar, medelpadare, närkingar och andra medborgare till en nation.

Den första allsångsledaren jag minns hette Sven Lilja. Det var utan tvekan på hedenhös tid. Han såg glad ut och blev omåttligt populär. Även Liljas efterföljare har under årens lopp promoverats till hjältar. Den som kanske nått de största tinnarna av popularitet av dem alla är Lasse Berghagen. Lasse Berghagen har lyckats gnola sig långt in i hjärtevrårna på de flesta. Lasse skriver egna visor. Han sjunger dem gärna själv eller tillsamman med alla tiotusentals besökare. Dessutom är Lasse vänlig, eller gemen som vi säger i Närke, och kan konsten att berätta mängder av små ekivoka historier på ett betagande sätt. Han är dessutom glad, samt mäter några meter i strumplästen.

Många gäster letar sig fram till Skansen redan innan fåglarna vaknat kring Breda Blick. Det gäller att vara på plats i tid för att få chansen att sitta på de bästa bänkarna. I tidig otta droppar folk in från när och fjärran. En del har tagit tåget från Korpilombolo medan andra färdas kortdistans med specialinsatta bussar från

Tranås eller Skövde. Vackra sommarmorgnar kan det vara skönt att njuta av Djurgårdens ekar och blicka ut över fjärdarna medan mera morgontrötta Waxholmsbåtar ännu slumrar vid kajen utanför Grand. Värre är det när sommarn glömmer sig och bjuder på rusk och 10 grader. Men allsångsbesökarna är inga veklingar. Paraplyer och tjocka yllejackor finns med, i händelse att!

Allsången börjar klockan åtta på kvällen, så det krävs ett stort sångarintresse och en vältränad rumpa att sitta på de hårda träbänkarna från det att solen gått upp och långt fram till kvällningen.

Förra året var Lasse Berghagens sista som allsångsledare. Även allsångsledare vill pensionera sig. I kraft av sin enorma popularitet har Lasse Berghagen utnämnts att hålla högtidstalet på Sveriges Nationaldag. Som nationell figur står således Berghagen på samma nivå som Kungen. Bland republikaner högre.

Skribenten Viola Zetterström – maka till framlidne Kar de Mumma – skriver, som de flesta säkert vet, trots sin höga ålder fortfarande mycket tänkvärda och humoristiska kåserier i Svenska Dagbladet. Nyligen berättade hon att hennes man Kar de Mumma, som normalt var en något butter person, en gång kom hem glad i hågen och berättade att han skärskådat diverse artister för det årets Kar de Mumma revy. Skälet till Mummas glädje var att han funnit en person som han gärna ville ha med i revyn. Han berättade att bland dem han beskådat fanns en lång räkel, som både kunde sjunga och dansa. Framför allt hade Kar de Mumma fastnat för att räkeln i fråga hade så skojiga ben. Ynglingen, vars ben hade roat Kar de Mumma, hette Lasse Berghagen. Han anställdes att delta i revyn. Samme räkel är idag nationalhjälte och håller högtidstalet på nationaldagen. Den utvecklingen skulle säkert roat Kar de Mumma. Som ny allsångsledare detta år kommer Anders Lundin att göra entré. Anders är ingen nykomling för den som tittat på Robinson i TV. Anders meddelar att han införskaffat många välkända gäster till Skansen. Carola och andra storheter. Bussarna från landets alla hörn kommer sannolikt att fortsätta att leta sig fram till allsångsaftnarna. Om si så där tio år kanske vi får en ny nationalhjälte vid namn Anders Lundin.

Traditioner ska respekteras

Min gamla mamma höll på traditioner. Det var bara en gång per år som det kom våfflor på bordet hemma på Bro. Enligt hennes bestämda uppfattning skulle nämligen denna utmärkta föda endast serveras på Kristi Himmelsfärds dag. Varför hon hade denna uppfattning kommer jag inte längre ihåg. På den tiden beklagade jag den djupt.

Numera börjar jag mer och mer luta åt tanken att man bör hushålla med såväl festligheter som det taktlösa spridandet av firanden i största allmänhet. Tillvaron får lätt någonting vårdslöst över sig, om man låter det bli så att det inte spelar någon roll när man ägnar sig åt det ena eller andra. Kanske vore det att gå för långt om det infördes ett totalförbud att äta ärtsoppa och pannkaka på andra dagar än torsdagar, men bara kanske! Det ligger ju ändå någonting i att det bör ske på torsdagar.

Landets många bagare drar sig inte längre för att baka fettisdagsbullar – alias semlor – som enligt gamla seder skall ätas under fastan, så snart julens saffranslängder kallnat. Sedan fortsätter konsumtionen av semlor till fram emot pingst. Milstolparna har försvunnit.

Självklart finns det gränser. Rigorösa regler studsar understundom tillbaka och blir enfaldiga. Det vore kanske omänskligt att hindra människor vars stora – och kanske enda – passion är att äta kräftor, från att njuta av dessa kräldjur vid andra tidpunkter än de första veckorna i augusti. Modern frysteknik kan man inte bara ignorera.

Även om förnuftet säger mig att jag bör tumma en del på gamla traditioner, finns dock ganska många kvar där jag är obeveklig. Svartsoppa är en sådan. Svartsoppa skall endast ätas i samband med Mårten Gås. Basta! Lyckligtvis tror jag att få – om ens några – bryter mot den regeln. Jag har svårt att tänka mig att någon trånar efter svartsoppa till pingst eller midsommar.

Tidningarna i Sverige börjar redan i slutet av september innehålla annonser som stör min uppfattning att seder är till för att följas. Det borde vara spöstraff, eller i varje fall förbud på, att ta ut vissa traditioner i förskott. Jag tänker förstås på alla annonser om *julbord* som jag sett nu i början av oktober.

Häromdagen uppmanades jag och andra läsare av samma tidning i en annons att omedelbart boka julbord på Waxholms Kastell. En annan restaurang gick längre in i detaljerna och meddelade att julgäddan redan glöder. En tredje berättade att julbordet var hemlagat med kärlek, samt att glögg ingick. En mera internationellt inriktad krog drog också till med att julbuffén kommer att vara tillagad på japanskt vis.

Det är inte nog med att det berättas om alla julbord i annonser, sida upp och sida ner. Julborden aväts i förtid också. Redan i början av oktober är borden dukade. Horder av människor, som slängt alla traditioner i sjön, samlas runt skinkor, revbensspjäll, aladåber, lutfisk, rödkål och köttbullar, med mera. Tiden är ur led!

Förr och nu

Grevar och baroner tillhörde forna tiders överklass. Generaler, borgmästare och annat fint folk med granna titlar räknades dit också. En och annan pengastinn grosshandlare som rökte cigarr med maggördel kunde möjligtvis få tillstånd att slinka in i skaran. Överklassen utmärktes stundom av att betrakta övriga medborgare med nedlåtande förnämitet. På överklassens bjudningar serverade man socker till kaffet med tång.

Det enklare fotfolket, däremot, använde sig av Ljunglöfs Ettan, livnärde sig på blodpalt och lingon, samt betraktade tandborstar som ett njutningsmedel för överklassen. Oftast gick de som råkade vara av manskön klädda i blåställ och snöt sig utan näsduk. Kvinnorna bar sjalett och randiga förkläden.

Denna bild av forna tiders samhälle – givetvis grovt stiliserad – hjälpte Albert Engström och andra av våra folklivsskildrare oss åt att bevara i våra hjärtan.

Samhället av idag har inte många likheter med det som en gång fanns. Grevar och baroner syns numera sällan färdas i hästdrivna landåer. Samhälltillvända, som även adelns högdjur numera är, uppträder de allt som oftast själva i blåställ och nyttjar snus.

Generalerna tillhör ett utdöende släkte och snart är det bara Antonia Ax:son Johnson som kan tituleras grosshandlare. Så vitt jag vet röker hon sällan cigarrer med maggördlar.

Ättlingarna till forna tiders fotfolk är numera civilingenjörer, professorer eller statsministrar. De har rest runt jorden ett flertal gånger och talar obesvärat ett antal utländska tungomål. Oftast samtalar de med sina nära och kära per mobiltelefon.

Allt vad jag hittills sagt är naturligtvis ingenting att åbäka sig över. Samhället förändras. Utvecklingen går framåt. Människor får det bättre. Gamla klasskillnader har rivits. Vi lever som glada griskultingar med knorr på svansen i ett folkhem. Lyckan är rund och fet som en julost.

På något sätt känns det i alla fall tomt emellanåt. Den ena människan börjar bli fruktansvärt lik alla andra. Det kallas visst för nivellering. På Arendorffs tid var det annorlunda:

Det var lustiga år,
men med slätkammat hår
Nivelleringen gjorde entré
Och så blev det så här
Vi är lika som bär.
Kan ni se något särskilt i de´?

Folk betalar sin skatt och är snälla
fastän inte ett skvatt originella
Nu är tillvaron platt
som en nedsutten hatt.
Ja´ ser ingenting särskilt i de´.

Ur *Kuplett Tillägnad Victor Arendorff, Högalid* av Nils Ferlin
[Den som vill, finner hela texten på http://members.tripod.com/ minata/visa_11_dec.html och kan dessutom där lyssna till melodin. /ed.]

Visst har vi blivit alltmer lika. Utbildningsmässigt står flertalet på någorlunda samma nivå. Kunde vi ej ta studenten på läroverk tack vare förmögna föräldrar, så kunde det ske senare på komvux, antingen på grund av egen läslusta och sparsamhet eller tack vare folkhemmets olika studiebidrag. Rent ekonomiskt kan de flesta tituleras Medelsvensson. Vår vördade finansminister har sett till att nettoinkomsterna blir desamma, om man bortser från de verkliga bonushjältarna. På alla nu nämnda områden har vi blivit identiska som lingon. Men ändå! Kvaliteterna skiljer sig åt.

En gedigen person

Nu vill jag berätta om Rune. Rune föddes i ett fiskehemman på Torö. Pappa Gustaf var fiskare. Mamma Hedvig födde sex barn. Det var inte lätt att få ihop pengar att försörja en stor familj på den torsk och sik som fastnade i Gustafs nät och utlagda skötar. Några lätthanterliga fiskeredskap fanns inte på den tiden. Hedvig var den samanhållande kraften, en roll hon spelade på samma sätt som många andra kvinnor. Mellan alla andra sysslor fick hon vara med och ro båten när ungarna var små och näten skulle vittjas. Det gällde att vrida och vända på slantarna. Hedvig berättade en gång hur hon rodde ända in till Trosa för att skaffa kaffe, salt och andra nödvändigheter. Sådana resor drar sig till och med den som har 10 hästkrafters motorbåt att göra i dag.

Den mesta maten kom från naturen. Det är sånt som kallas naturahushållning. Strömming, sik och ål från fjärdarna. Ejdrar och sälar runt kobbarna. Ett och annat rådjur och någon hare från skogssgläntorna. Trädgårdslanden gav potatis, rotfrukter, bönor och rödbetor.

Någon överdådig skolgång blev Rune och hans syskon av naturliga skäl aldrig utsatta för. Folkskola på Torö, därefter snabbt igång med att hjälpa till med försörjningen. De fick examineras i verklighetens hårda skola.

Rune blev från barnsben ett med den bygd där han levde. Han lärde sig tidigt var sikarna lekte, var sjöfåglarna häckade och på vilka kobbar sälarna rastade. Rune kunde sina farvatten. Även fram till 70-årsåldern trålade han torsk från en större fiskebåt, som han bodde i under veckor i trakterna runt Ölands norra udde och Gotska Sandön.

Under senare år gav han sig ut runt 5-snåret varje morgon med sin motorbåt och vittjade de ofantliga ålryssjor han hade lagt ut vid Bedarön. Jag såg honom aldrig använda sig av ett sjökort. Jag tror knappast att han ägde något. De långa vinterkvällarna satt Rune i sin källare och lagade nät. Att laga nät på ett gammaldags riktigt sätt är en konst som tyvärr håller på att dö ut i skärgården.

När vi för mycket länge sedan köpte sommarhus och flyttade ut till Torö blev Rune och hans hustru Ulla några av våra närmaste grannar. Tillika våra mycket goda vänner. För några veckor sedan dog Rune. "Cancern tog honom", som de säger här ute.

Rune ansåg alltid att världen i princip tog slut om man lämnade Torö. Rune menade att ett liv norr om Tottnäsbron, som förbinder Torö med fastlandet, egentligen är ovärdigt en tänkande människa. Rune tillhörde de glada och positiva människor som menar att problem alltid är till för att klaras av. När vi kom med några problem till honom var hans självklara svar alltid: "Det fixar vi".

Vi kommer att sakna Rune djupt och innerligt. Jag får tårar i ögonen, när jag tänker på att jag aldrig mer får se en leende Rune komma släntrande upp på vårt berg med en nyfångad ål eller en sik som han nyss dragit upp på fjärden.

Rune är ett levande exempel på att börd, utbildning och pengar inte betyder allt.

Personliga kvaliteter smäller ändå högst.

Nödvändiga högtider

Åtskilliga människors ögon tindrar av förväntningar när de tänker på julafton. Andra bubblar över av förtjusning då de kulörta kräftlamporna tänds. Folk norr om Indalsälven blir febriga av glädje när premiären på årets surströmming nalkas och de första mandelpotatisarna är kokta. Mårten gås med svartsoppa håller skåningar på gott humör i de varma gästgivargårdarna, även om det råder novemberrusk och snålblåst ute på de platta slätterna.

Det finns många högtider och säsonger som svenskarna ser fram mot och som betyder mer än all världens pengar och ära. En av de mest angelägna säsongerna i Sverige hör ihop med älgjakterna. Då stannar många fabriker, sågverk, kontor, ämbetsverk och industrier. Då är alla som äger en bössa ute i skogarna och sitter på pass med sina termosar, muddvantar och ostsmörgåsar. Den som söker någon jaktintresserad person per telefon under älgsäsongen får oftast söka förgäves.

Jakterna har på samma sätt som i stort sett allting annat ändrat karaktär under årens lopp. Förr var det mestadels s.k. enkelt folk med valkiga nävar som satt och frös i passen och väntade på att en älg skulle dyka upp. Vid sidan av den spänning som jakten gav var det angeläget för dem att dryga ut kosten med älgkött.

Under det senaste decenniet har intresset för älgjakterna vidgats. Vid sidan av den gamla typen av jägare har många välbeställda personer, som av ekonomiska skäl ingalunda behöver dryga ut kosten med av dem själva nedlagda djur, tillkommit. Direktörer, grevar, landstingsråd, kungar, höga ämbetsmän och annat fint folk samlar sig nu i de stora skogarna. Det har blivit status i jagandet.

Utrustningarna för jakt ser annorlunda ut också. De gamla vanliga älgstudsarna finns kanske kvar på sina håll. Men på passen där de nya skyttarna sitter hittar man specialgjorda muskedunder från Italien och Schweiz, som kostar betydligt mer än det älgkött samma jägare i bästa fall kan tänka sig skjuta av under sin kvarvarande livstid.

Bergslagen är en avfolkad bygd. Det är i Bergslagen jag får vara med på jakt. Forna levande gårdar med råmande kor och kacklande höns ligger numera tysta och övergivna vid skogsbrynen. Buskar och träd har börjat ta tillbaka de marker som tidigare var plöjda åkrar. Mina vänner under älgdagarna tillhör bygdens folk. Den ödegård vi huserar i var en gång barndomshem för två av dem. Det finns inga stigar i skogarna runt omkring som de inte vandrat.

Min vän Rolf lade för några år sedan fast en teori som vann de andra gubbarnas gillande. Han menade att endast älgtjurar skulle få skjutas. Ingen jägare i laget skulle tillåtas skjuta mot älgkor eller kalvar.

Rolfs teori gick ut på att stammen av älgkor av naturliga skäl skulle komma att öka om korna fridlystes från jakt. Enligt Rolfs fortsatta logik skulle härigenom hela reviret på sikt kunna utvecklas till ett stort harem för älgtjurarna från kringliggande revir. Tjurar förflyttar sig över större områden medan korna föredrar att vara mer stationära. Rolf, som är en klok mas – eller rumpmas, eftersom han stammar från tassemarkerna mellan Dalarna och Västmanland – menade att brunstiga älgtjurar skulle söka sig till hans jaktområde för att där kunna möta fler vackra älgkor än någon annanstans. Det är således en teori som baseras på de enkla, naturliga drifterna.

Att sitta moltyst på ett pass i skogen tillhör livets sakrala upplevelser. De sena höstdagarna bjuder på en speciell skönhet. Daggen som lagt sig på buskarna har under nattens frosttimmar frusit till små skimrande snökristaller. Björkarnas lövverk skiftar i brinnande gult eller dämpat rödbrunt.

En del björkar har hunnit bli helt lövfria. Deras svartbruna grenverk utvecklar sig i fantasifulla mönster mot den blekblå skyn. Granarna hänger molokna med tunga mörkgröna grenar. Någon gång störs tystnaden av en flock sparvar som svirrar fram och flyger till någonting de av någon anledning finner mer intressant.

Men mestadels är det tyst. Horisonterna ligger långt borta. Skogarna är vidsträckta. Ändå vet jag att långt i fjärran finns det samhällen. Samhällen som har sådana gamla underbara namn som Grängesberg, Smedjebacken, Kopparberg, Malung och Vansbro.

Det enda som till slut spränger stillheten är Rolf, som på sin kortradioapparat meddelar att nu är det klarrt. Rolfs favorituttryck i de flesta sammanhang är just "Nu är det klarrt." Han har skjutit två älgar. Givetvis är det fråga om två präktiga älgtjurar.

Man kan alltid lita på Rolf och hans teorier.

BEMAN-04

Älgjakt och minnen

Förr i tiden låg skogsbruken och de gamla anrika disponent-herr-gårdarna med sina välskötta trädgårdar och klippta granhäckar på armlängds avstånd från varandra. Från Småland och upp genom landet levde folk både i och av skogen. Runtom i skogarna fanns rödmålade skogvaktarboställen med vänliga farstukvistar. Torpen låg utspridda på ställen där skogen gav plats åt små, men ändå odlingsbara, gärden. Lite råg och vete, för att inte tala om potatis. Några äppelträd samt lagård för några kor och grisar. Det var levande bygder.

Med nutidens mått var tillvaron hård. Fotogenlamporna måste tändas vid femtiden om höstkvällarna. Det blev kallt om rumporna på utedassen när oktoberkylan kom smygande. Inte fanns det näraliggande möjligheter att kalla på hjälp heller om något gick på tok. Det gällde att kunna klara sig själv. Ramlade en tegelpanna av fick man lov att finna sätt att täta taket på egen hand. De människor som växte upp i skogsbygden blev av naturliga skäl inga veklingar. Det fanns ingen plats för bekväma attityder.

Numera ser det annorlunda ut. De gamla bruksherrgårdarna ligger mestadels tomma. Svarta, kalla fönster utan vare sig tulpaner eller gardiner. Andra har gjorts om till hem för vanartiga barn eller till semesterstugor för IOGT. Skogstorpen, där kossorna råmade, har blivit ödetorp. Några hyrs ut som semesterstugor åt stressade människor från städerna. Andra blomstrar upp under den korta tid då älgjakt råder. Det som förr var en levande bygd befolkad av såväl folk som fä, har nu blivit en övergiven trakt där det gnisslar i vartenda gångjärn.

Älgjakt i Bergslagen

Själv upplevde jag starkt denna förändring av det svenska landskapet då jag denna höst fick vara med i ett jaktlag i Bergslagen. Min vän, jaktledaren Rolf, växte upp på en liten gård mellan Grängesberg och Kopparberg. Under sina pojkår, då gården ännu var brukad, deltog han i alla de aktiviteter som förekom. Nu kan han bara konstatera att bygden ligger öde. Vad som finns kvar av de gamla järnbruken är uppbrutna rälsar, övergivna maskinhallar, arbetarbostäder och tomma krossanläggningar.

Efter denna något vemodiga betraktelse över vad som händer i vårt på landsbygden alltmer avfolkade land kommer jag så till jakten. Alla som deltagit i en älgjakt vet att procedurerna är heliga. Det är inte bara frågor angående disciplin, varma långkalsonger, termosar med varmt kaffe, bredda smörgåsar och tystnad under passen. De som varit med vet också vilka pass som kan tänkas ge bästa jaktlyckan. Detta kan självfallet ge upphov till inbördes kiv, om någon ansett sig ha fått ett omöjligt torn att sitta i.

Medan vi sitter tigande på våra pass knallar plötsligt ett skott. Då samlas hela gänget för att hjälpas åt att frakta hem älgen. Att forsla en älg på 200 kilo genom eländig terräng är ett jobb som kräver ett helt jaktlags medverkan.

För många kan det förfalla säreget, att fullvuxna människor kan finna ett nöje i att sitta still på ett pass i en kall skog timme ut och timme in i väntan på att en älg möjligtvis har vägarna förbi. Till dessa tveksamma individer kan jag bar säga: Kom ut och pröva!

Att bara sitta frysande still och tyst i en skog kan, hur egendomligt det än kan låta för den oinvigde, ge mängder av observationer, stillsamma funderingar och stämningar. En hare kanske blev skrämd och skyndade förbi. En häpen skogsduva eller orre flög upp i brynet där en grupp smågranar håller på att växa till sig. Eller också var det bara utomordentligt stilla.

Efter det att en älg fällts kommer det sedvanliga eftersnacket. Den som höll i bössan vill givetvis gärna berätta om varenda detalj i den lyckosamma jakten: Hur han påpassligt uppfattade att älgen kom fram vid skogsbrynet, hans tankar under de sekunder när han först såg älgen, hans blixtsnabba överväganden om på vilket avstånd han ansåg att ett skott skulle avlossas och hans omedelbara känslor i samband med att skottet avlossades.

När kvällen kommer och alla samlas i jaktstugans kök för kvällsvard ges den lyckosamme skytten förnyade tillfällen att återberätta alla detaljer, som för var gång blir än mer dramatiska. Sådant ger stämning.

Ett älgminne från det förgångna

För ungefär 30 år sedan köpte skogsföretaget Papyrus skogsföretaget Kopparfors. Som alltid då företag går samman, ändras organisationer – arbetsvillkoren för de anställda måste ses över, avdelningar och funktioner läggas ihop etc. Som chef för Papyrus på den tiden låg det på mig att förhandla med de anställda i Kopparfors om vilka förändringar som måste till för deras del.

Innan förhandlingarna påbörjades befarade jag att medarbetarna i Kopparfors skulle komma till bordet med mängder av krångliga ärenden – lönevillkor, semesterfrågor, sjukförmåner och hela baletten av sådana ärenden som normalt tröskas till döds vid alla förhandlingar. Så blev inte fallet.

Medarbetarna i Kopparfors hade sedan urminnes tider haft generösa villkor beträffande ledigheter i samband med höstarnas älgjakter. Deras avgjort mest angelägna fråga var därför om dessa generösa ledighetsregler skulle fortsätta även efter samgåendet med Papyrus. Eftersom jag kunde ge lugnande besked på den punkten, gick samgåendet friktionsfritt.

Min uppfattning om älgjaktens betydelse för människans välbefinnande har även efter förhandlingarna med Kopparfors stärkts år från år. Älgjakt hör på något sätt ihop med den svenska själen.

Gamla tider i skärgården

Det finns inte så många kvar av de ursprungliga skärgårdsborna ute på öarna. Lyckligtvis finns dock en del kvarvarande minnesupp-teckningar att läsa. Några samtal som hölls med gamla Toröbor finns också nerskrivna.

I boken "Smånamn och folkminnen" finns många minnen från livet på öarna redovisade. Alfhild Bergqvist-Larsson, som föddes 1897, berättar fängslande om vardag och människor. Det är från en intervju med henne jag hämtat berättelserna.

Familjeförsörjare, skollärare och organist

Alfhilds familj kom till Torö år 1903. Hennes far hade fått jobb som skollärare på Torö. Huset de bosatte sig i var byggt som skola och skolsalen var halva huset. Andra halvan var lärarbost-aden, som bestod av två rum och kök. Sju barn hade den fattige skolläraren att fostra upp.

"Det var inget vidare, men vi varken frös eller svalt," berättar Alfhild. "Vi åt strömming, som var billigt, och mamma sydde alla kläder. Hon sydde om pappas kläder åt pojkarna. Inte förrän vi konfirmerades fick vi nya köpekläder. Pappa flyttade till Torö för han tyckte han skulle få litet mera inkomster. Han spelade i kyrkan här. Han spelade dåligt, men han fick ju i alla fall betalt. Han fick 100 kronor om året i organistlön. Och så hade vi poststation. Den hade vi i skolan och då fick vi litet för det. Och så tänkte mamma att det skulle kunna bli lite fisk.

"Det var kallt och ruskigt i skolsalen. Där eldade man i en kamin. Pappa fick hugga veden. Pojkarna som satt vid kaminen fick elda. 'Lägg in ett trä, Lorents', sa pappa. Vi var ett tjugotal barn i skolan som hade 'varannandagsläsning' – småskolan varannan dag och folkskolan varannan dag. Barn fick gå till fots till skolan. Men det gick ju bra. Skolan var bara varannan dag, så skorna hann torka."

Att hushålla med pengar

"I Storbyn fanns det rättare och statkarlar. Där hämtade vi mjölken, 8 öre litern kostade den. Mejeri hade de på Herrhamra. Där hade de rättare, mejerska, trädgårdsmästare och bokhållare. Alla skulle leva av gården, så det gick åt skogen för Nissen, som ägde den. Han hade en halv miljon i skuld, när han slutade. Det var åtminstone vad folk sa. Nissen var en trevlig person, frikostig mot sina underlydande. Ibland åkte han till Stockholm och bjöd bankherrarna på middagar. Vi blev bjudna dit och fick sitta i stora matsalen. Gubben skar upp limpa åt oss.

Både sonen och han själv friade till mejerskan. Men sonen var trevligare för henne, så hon rymde med honom och alla tre barnen. Men de hann upp dem vid Lotskyrkogården, så hon fick inte med sig mer än ett av barnen. Ett annat av barnen, Oskar, for till Amerika. Han for på sjön. Det sista han såg av Sverige var lotsen på Landsort, Axel Sjöholm. Han ville att jag skulle skriva till honom, men min bror Lorentz tyckte det var opassande, så det blev inget skrivet. Jag ångrade det sedan. Men Torsten, Oskars bror som flyttade till Australien, fick brev från mig. Han läste dem så mycket att de blev uppnötta, så han skrev av dem i en bok med vaxdukspärmar."

Hildur på Råholmen

"Hildur på Råholmen och jag var skolkamrater. Hildurs mamma var sjuk, hade reumatiskt. På morgnarna skulle Hildur med pappan på sjön och hon skulle kanske ut i ladugården också.

Sen fick hon ju gå till fots från Sågsten över skogen. När hon kom till skolan brukade hon somna i bänken. 'Nu duar hon av', sa pappa. Gunnar Lindroth kallade henne för 'Duar av'. Hon var inte vacker som ung flicka. Hon skaffade sig två barn med två olika karlar. Den ene dog för henne. 'Martin i Trävik', som vi sa. Sen var det väl en av pojkarna på Degerholmen. Hon ville väl ha lite kärlek hon också."

Skandal med småskollärarinnan

"Kalle på Lilludden hade väl ihop det med Runa Graff. Men han kunde inte dansa, så Ricken, som hon också hade tag på, var väl roligare. Funke efterträdde min pappa som folkskollärare. Funke var på Torö i många år. Han blev förälskad i småskollärarinnan, fröken Exerman. Det vart skandal. Hulda, Funkes fru, var inte så mycket där. Det blev skilsmässa. Sen kom Carleman, prästen, och då blev det kärlek mellan Exerman och prästen."

Tullare och smugglare

"Allan Larsson på Krokskär var vid tullen så han kunde smuggla bra. Han kände till alla tjuvhålen. Han fria till mig också", berättar Alfhild. "Hjalmar Larssson på Lugnet hade 11 barn. Han var snickare och båtbyggare. Han var 87 år när han dog. Gumman dog lite före, för hon var bara 71. Hon hade högt blodtryck. Han snickrade lite och så söp han lite. Han gick upp klockan halv fyra på morgonen och så gick han och la sig 6-7 på kvällen. Det var lite jordbruk där också. De hade en ko, men korna dog så många gånger för dem. Det var sorgligt. De gick långa vägar om den plats där dom grävde ner korna, för dom tyckte det var så svårt att tänka på dem."

Att skriva till Kungs eller ej

"Det var Hjalmar Larssons far som först byggde stugan, Stensund. Släkten kom från Sorunda. Man kallade Hjalmar Larsson för 'Hönsanders', jag vet inte varför. Det var i alla fall han som högg ner äppelträden för att drängen stal äpplen.

Hjalmar tjänade på Norra Svärdsö hos arrendatorn där. Gubben berättade att Hjalmar hoppade över skaklarna med Anna. Han måste gifta sig med Anna, men det gjorde han inte. Han skulle skriva till Kungs för att få gifta sig med henne, men det gjorde han inte. Han var ju inte 21 år. Han gick då till Stensundarn, Kalle i Stensund. Det skulle kosta 40 kronor att skriva till Kungs. Men Kalle sa: 'Du behöver dina pengar bättre, så låt du Anna komma hem till de gamla i Lugnet och få sitt barn, så kan ni gifta er sen'."

Alfhilds berättelser om livet och vardagarna på Torö rymmer många inblickar i den tid som gått. Det var knogigare att leva i skärgårn, när Alfhild var ung. Ändå frodades stundom kärleken i de dragiga kåkarna.

Utbrändhet, förnöjsamhet och de gamla ekarna

Numera talas det mycket om utbrändhet.

Så vitt jag kan minnas förekom det ordet inte i människors medvetande förr i tiden. Då var man överansträngd, uttröttad, slutkörd, duven, dåsig eller i lyckliga fall kanske bara dan efter.

Nu är utbrändhet en landsplåga. Stora delar av den vuxna och normalt arbetsföra befolkningen i Sverige är sjukskrivna på grund av utbrändhet. Arbetsmarknadsministern är orolig, psykologerna bekymrade och finansministern förtvivlad.

Sjukskrivningar och arbetslöshetsunderstöd kostar pengar. Landet förlorar intäkter. Färre knegare betalar mindre i skatt. Tillvaron blir nersutten som en gammal korgstol. Den sociala samvaron slutar att glittra. Det bleka eländet tar ratten.

Själva ordet utbränd finner jag vedervärdigt. Fantasin leder gärna tankarna till eldsvådor och nerbrända förkolnade byggnader där bara de svarta rökgångarna står kvar.

Man kan med fog fråga sig varför människor är mer utbrända nu för tiden. Det kan omöjligen bero på att vi håller på med tyngre, slitsammare arbeten, lyfter åbäkigare bördor eller har för kort och ensidig fritid. På alla nu uppräknade punkter har åtminstone de flesta av oss det behagligare än någonsin.

Bönderna i gårdagens samhälle knogade - bara för att ta ett mig näraliggande exempel - och bar på sina ryggar in tunga säckar från dragvagnarna in till sädesmagasinen.

Det sprättades mer dynga för hand innan gödselspridarna kom till världen. Arbetstiderna var längre. Från 7 på morgon till solen gick ner, vanligtvis. Lediga lördagar kunde bara en sällsynt priviligierad elit njuta av.

Att resa till Mallorca eller Thailand på solsemester låg utanför de flestas drömmar och horisonter, för att inte tala golfpaket på tre veckor vid Medelhavet.

Nej, det finns tydligen andra anledningar till att 20% av människorna känner sig utbrända. Det kan inte bero varken på fysisk utmattning eller brist på vederkvickande fritid.

Vad beror det då på? När jag ställde denna djupa fråga till min vän Rolf, som knappast ens vet hur ordet utbrändhet stavas, svarade han på sitt vanliga självklara sätt:.

"Det är e-mail, SMS, mobiltelefoner med fotografimöjligheter, hets och jäkt och andra nymodigheter, som till och med ägs av snorungar som egentligen inte har råd med dylika prylar, som ger upphov till eländet."

Förmodligen ligger det, som alltid, mycket i Rolfs analys. Takten och hetsen i samhället är mer uppdriven nu än förr.

Många känner oro att hanka efter eller att bli av med jobbet om man inte hänger med i allt nytänkande. Electrolux och andra framsynta bolag flyttar verksamheterna till andra länder där utbrändhet inte råder.

Förnöjsamhet är i motsats till utbrändhet ett positivt och befriande trevligt ord. Häromdagen råkade jag träffa ungdomar som gav en särdeles glad och förnöjsam utstrålning.

På mina vandringar i Stockholm söker jag mig ofta ut till Djurgården. Jag brukar ta bussen ut till Blockhusudden och följa stigarna utefter kusten och Djurgårdskanalen.

Bara anblicken av Prins Eugens Waldemarsudde, Bonniers Manilla och Täcka Udden, där Marcus Wallenberg d.ä. bodde, förskönar nejden och tankarna.

Svunna, minnesrika tider och palats har en förunderlig förmåga att förmedla stillhet och ro. Jag tror det är nyttigt för själen att andas stämning och stillhet.

Så här års får man flanera i relativ ostördhet på Djurgården. Endast ett fåtal inbitna stockholmare gör sig besvär att ta sig ända hit ut och vandra på de av höstdagarna regnvåta stigarna. De urgamla ekarna känner sig förmodligen övergivna där de står med sina lövfria men praktfulla grenverk.

Nere vid kanalen simmar ett antal änder förbannade över att sommaren är över. De borde känna det kallt om fötterna där de plaskar fram, tänker jag. Några svanar blänger till om man råkar komma dem för nära.

Vid Djurgårdsbrunnsbron tar jag bussen tillbaka till stan. Bussen är då fylld av glada, stökiga men helt tysta ungdomar. De varken gapar eller skriker, som ungdomar i flock har för vana. I stället gestikulerar de kraftigt och ler mot varandra. Efter en stund förstår jag vilka mina medresenärer är och varifrån de kommer.

Undomarna har tydligen klivit på bussen vid dövstumsskolan Manilla, som ligger hållplatsen innan. Med hjälp av sina händer, fingrar och minspel är de inblandade i glada samtal med varandra. Kanske berättar de om sina lektioner på Manilla, om någon kufisk lärare eller om vad de tänker ha för sig när kvällen sätter in. Jag sitter förvånad och betraktar intensiteten och glädjen i deras tysta samtal utan att ha en aning om vad de dryftar och varför de ser så engagerade ut. Samtidigt far mina tankar tillbaka till de tidigare funderingarna om utbrändhet, e-mail och behovet av kom-mu-nikation.

Det är befriande att se glada och lyckliga ungdomar med positiva, förnöjsamma leenden. Trots svåra handikapp kan i alla fall dessa ungdomar kommunicera med varandra, ha det roligt tillsammans och utstråla naturlig glädje.

Just detta faktum känns skönt, när så mycket i tillvaron handlar om utbrändhet och förtvivlan.

"BEMAN" - 04
KOPIERADE

Kronblom och utbrändhet

Den äldre generationen av svenskar kommer säkerligen ihåg Kronblom. Kronblom var en tecknad seriefigur. Om jag minns rätt var han gift med en kvinna som hette Malin. Malin hade hårknut i nacken. Men detta har egentligen inte med saken att göra. Kronblom var urbota lat. Han låg oftast på en utdragssoffa i köket och spekulerade över hur han bäst skulle komma ifrån att uträtta någonting. Oftast lyckades han att undkomma allt vad arbete och knog heter.

Nu för tiden anses sådana som ligger på utdragssoffan inte alltid att vara lättjefulla. Många av dem är vad som kallas "utbrända". Ett alltför tungt och hetsande arbetsliv har gjort dem arbetsoförmögna. Många gånger anses det vara näringslivets fel. Företagen erbjuder inte tillräckligt vänliga arbetsmiljöer. Lättja har absolut ingenting med ovilja att arbeta att göra. Detta säger sig alla modernt inriktade arbetspsykologer vara fullkomligt övertygade om. Varken Alf Svensson eller jag tror att de har fullkomligt rätt.

Förtidspension och långtidssjukledighet talades det inte så mycket om på Kronbloms tid. Det skall givetvis inte heller skämtas om sådan allvarliga ting som långtidssjukledighet och förtidspension. Många människor är säkerligen i behov av dylika förmåner. Ett av kännetecknen på ett gott och mänskligt samhälle är ett samhälle som hjälper de medborgare, som på grund av sjukdom eller ålder,

67

inte orkar förvärvsarbeta längre. Tyvärr är det dock många gånger så att sociala förmåner, vars syfte var tänkt att stödja dem som är i verkligt stort behov av hjälp, utnyttjas otillbörligt av en del.

Förmodligen finns det ett antal orsaker till att sjukfrånvaron gått i höjden under senare år. Säkert har takten i arbetet och kraven på prestation ökat. Kanske upplever en del, att den ständigt fortgående automatiseringen och datoriseringen gjort uppgifterna krångligare och omänskligare. Det var roligare att hässja hö på vischan på den gamla bondetiden.

Å andra sidan har arbetstiderna för de flesta blivit bättre med flextider och barnledigheter, samtidigt som arbetsgivarna ansträngt sig att göra arbetsplatserna funktionella och vänliga.

Det sorgliga faktum är, trots allt, att antalet människor i Sverige som har förtidspension eller långtidssjukledighet fördubblats sedan mitten av 1990-talet. Det finns idag 3,1 miljoner människor som arbetar. Dessa ska försörja 5,8 miljoner. De 3,1 miljoner som arbetar har det knogigt.

Visste ni, att den genomsnittlige svensken idag arbetar endast 6,9 procent av sitt liv? Jag tror, nja förresten, var säker på, att Kronblom, om han levt idag, skulle ansett den siffran lämplig också för honom.

Några kraftkvinnor i skärgården

Det gamla talesättet om det starka och det svaga könet blir mer och mer obegripligt och meningslöst ju längre bort från stenåldern vi kommer. Kanske det fanns någon gnutta av relevans i grupp-indelningen då förra seklet var ungt, åtminstone vad gällde den rena muskulära styrkan.

I slagsmålen på Skänninge marknad kunde drängen Petter förr i världen drämma till antagonisterna hårdare än pigan Lisa. Men det var länge sedan det blev några ordentliga slagsmål på Skän-ninge kreatursmarknad. Inte heller finns det längre så värst många vildsinta drängar eller blodtörstiga pigor. Traktorer, skördetröskor och hushållsmaskiner slåss inte.

Musklerna spelar mindre roll i det samhälle vi nu lever och i styrka på det andliga planet har det aldrig varit befogat att dra några gränser mellan det starka och det svaga könet, mellan manligt och kvinnligt. Tänk bara på den heliga Birgitta. Hon var så liten och späd att hon måste ha en pall för att komma upp på sin häst när hon ville rida. Men i anden lär hon varit seg och uthållig som en skärgårdstall.

Här ute i havsbandet finns det många exempel på kraftkvin-nor. Torö har haft sin beskärda del.

Några av dem har jag bara hört berättas om, men andra har jag beskådat på närmare håll.

Ottilia Engström bodde ute på Landsort. Hon hade fått en underbar gåva med sig på sin vandring genom livet: sitt glada lynne. Det lynnet bevarade hon trots den fattigdom och de motgångar hon mötte på sin vandring.

Ottilias far var jaktbåtsman vid tullen. Han blev seglad överbord en höst då Ottilia var tre år. Hemma satt hustrun och fem minderåriga barn, varav Ottilia var en. Den nyblivna änkan var medellös och utan pension. Där var sex munnar att mätta och kroppar att kläs.

Skärgårdsborna i gemen är hjälpsamma. Bakades det bröd i stugorna bjöds fattiga grannar på smakbröd. Slaktades så blev det ofta en köttbit eller en skål blod över. Ottilias mor stretade för att hålla familjen samlad och för att den inte skulle lida uppenbar nöd. Hon gick omkring i kåkarna och hjälpte med tvätt och med fiske. Barnen fick binda nät. Femtio öre för att binda ett flundrenät 60 famnar långt och fyra fot djupt och fem kronor för en sköte om 16 famnar. Det gällde att vara flink i fingrarna för att binda ett par skötar under vintern eller ett par flundrenät i veckan.

En vinter när familjen blev utan mat beslöt sig Ottilias mor, Kari, att gå över isen för att skaffa litet mjöl. Hur pass stark isen var visste ingen. Det gick bra för Kari på bortvägen, men då hon skulle hem gick hon ner sig mellan Leskär och Järnklubben. Hennes nödrop uppmärksammades av folk från Leskär och man fick upp henne I skymningen. Hon togs med till Leskär och bäddades ner för natten. Kälken med packningen hade försvunnit i vaken. Hemma satt ungarna i mörkret på kvällen och väntade på sin mamma som inte kom. De grät sig till söms. Men nästa förmiddag kom modern hem, med lite mat som hon fått av några snälla människor på Leskär.

Hedvig Lagerström minns jag väl. Hon hade pigga pepparkornsögon och ett alldeles speciellt sätt att tala. Korta, övertygande satser som om hon ville poängtera både för sig själv och åhöraren hur rätt hon hade i vad hon framförde. Det lönade föga att säga emot.

Hedvig var gift med fiskaren Gustaf. De fick fem barn att fostra och försörja. Det var ingen lätt sak att föda upp sju personer på inkomsterna från fisket. Hedvig fick ligga i från tidig morgon till sen kväll. Semester fanns inte. Självhushållning och sparsamhet. Potatisland, betor och morötter. Vedhuggning till köksspisen. Snöskottning om vintrarna. Ständiga strumpor att stoppa. Kläder att sy om från de största ungarna till de mindre. Gustaf fanns mest ute på sjön. Ibland var det också nödvändigt för Hedvig att vara med och ro när sjön gick hög. När torskfisket skedde på längre avstånd låg Gustaf ute i veckor. Då fick Hedvig klara ruljangsen själv. Mina minnen av Hedvig daterar sig ett kvarts sekel tillbaka i tiden. De fem barnen var inte längre barn. Hennes strävsamma år var över. Hon kunde t.o.m. unna sig att någon gång sitta stilla i sin kammare och bjuda på ett glas "madeira" – en dryck som hon uppskattade. De jordgubbar Hedvig trollade fram ur sina land var de sötaste i hela Sverige .

På Torö finns än kvinnor som är starka och vet vad de vill. Hedvigs sonhustru Ulla är en av dem. Hon tar befälet och griper in när någonting håller på att gå snett. Häromåret beslöt myndigheterna sig för att Torö skola skulle läggas ner. Barnantalet hade gått ner. Kvarvarande ungar skulle färdas med buss till annan ort för att gå i skola där. Om en skola försvinner från en trakt förlorar trakten en del av sin själ. Därför röt Ulla till. Efter det rytandet finns skolan kvar. Hur hon bar sig åt vet jag ej. Men faktum kvarstår. Skolan är idag full av glada ungar. Till och med nativiteten lär ha gått upp.

Storstadstösen från Uppsala, Anneli, flyttade ut i skärgårn och gifte sig med en pojke av fiskarsläkt från Torö. Anneli som är en klok person tyckte att det på en så vacker plats som Torö borde finnas en krog med god mat. Med framgång öppnade hon en krog på Ankarudden och serverade piggvar och andra delikata rätter. Nu har hon sålt krogen, som dock fortfarande lever i högönsklig välmåga. Anneli kan med fog glädja sig åt att hennes kraftinsats gav resultat.

I Torö Butik regerar sedan något år en annan kvinna med ruter i. Jane heter hon. Hon ser till att affären är öppen till klockan sju på sommarkvällarna. Där tillhandahåller hon med glatt humör i stort sett allting. Flugpapper, myggolja, öl, prinskorv, fläskkotletter, smör, ost och allt annat som gör livet värt att leva.

Vad skulle vi ta oss till om det inte fanns människor tillhörande det svaga könet?

Kenyaner och långdistans

Generna betyder mycket. Inte minst i idrottsliga sammanhang. Det räcker inte alltid att vara frisk och kry. Att motionera ofta och äta duktigt med havregrynsgröt räcker inte heller. Inte ens den som joggar en mil varje dag och livnär sig uteslutande på havregrynsgröt och söt mjölk kan vara säker på att vinna en guldmedalj i Olympiska Spelen.

Forskare har i åratal lagt sina kloka pannor i djupa veck och forskat kring orsakerna varför en del människor kan bli världsmästare medan vi andra fallerar totalt. En del forskare har fokuserat sig på varför just kenyaner är ena baddare på att springa långdistans. Många gånger är det inte längre en fråga om vem som kommer att vinna maraton. Frågan är i stället vilken av de deltagande kenyanerna det är som kommer att vinna.

Nu har jag läst att forskarna är i färd med att lösa gåtan. Det beror inte på att kenyaner äter mycket majs, som en del trodde. Inte heller har det med skillnader i livsstil eller miljö att göra, påstår de lärda. Nej, kenyanerna har helt enkelt lättare vader än vi andra tungfotade individer, påstår nu vetenskaparna. Kenyanerna har snabba muskelfibrer och samlar inte på sig så mycket mjölksyra i musklerna. Varför en askersundare, för att ta till ett näraliggande exempel, samlar på sig så mycket mjölksyra att han står där med tunga vader, har forskarna ännu inte riktigt lyckats förklarat för mig.

Gunder Hägg kunde på sin tid också kuta iväg snabbare än

de flesta. Kanske berodde det också på att han hade lätta vader, eller att han inte samlade på sig så mycket mjölksyra. Några mindre vetenskapligt lagda personer trodde att det möjligen hade att göra med att han redan som pojke dagligen kutade till skolan uppe på de mjuka myrarna kring Vålådalen, hemma hos mamma och pappa.

Olympiska Spelen i Aten började inte med några bejublade framgångar för svenskarna. Just nu, när jag skriver dessa rader är spelen ännu ej över. Än finns alltså chansen att ni som läser Nordstjernan har fått glädjen att bevittna en svensk kliva upp på segerpallen och bli hyllad. Nog finns det väl ännu bra gener i gamla Svedala.

Sverige har, som vi alla med enorm stolthet påminner oss, under årens lopp haft många guldmedaljörer. En guldmedaljör, som kanske inte längre är ihågkommen av så många, lystrade till det helsvenska namnet Greta Johansson. Som 17-åring vann Greta guldmedalj i raka hopp.

Greta Johanssons far arbetade på sin tid på Eldkvarn. En äkta stockholmare alltså. Hennes farmor städade efter byggjobbarna som byggde stadsmuséet. Därför fick hon en välförtjänt medalj när museet invigdes 1923.

Greta och hennes kompisar nyttjade flitigt dåvarande Gjörkesbadet i Stockholm. Där simmade de nästan dagligen. De övade sig att dyka efter tappade löständer. Det hände sig nämligen att äldre damer som nyttjade badet understundom tappade sina löständer.

Det finns alltså många sätt att öva upp sina talanger att bli guldmedaljör. Att dyka efter löständer tillhör sannolikt de mest säregna. Greta Johansson gifte sig sedermera med Ernst Bradsten och flyttade till Kalifornien. Ernst Bradsten blev tränare för den amerikanska simtruppen och Greta blev lärare i simning vid Berkeley och Stanford universiteten.

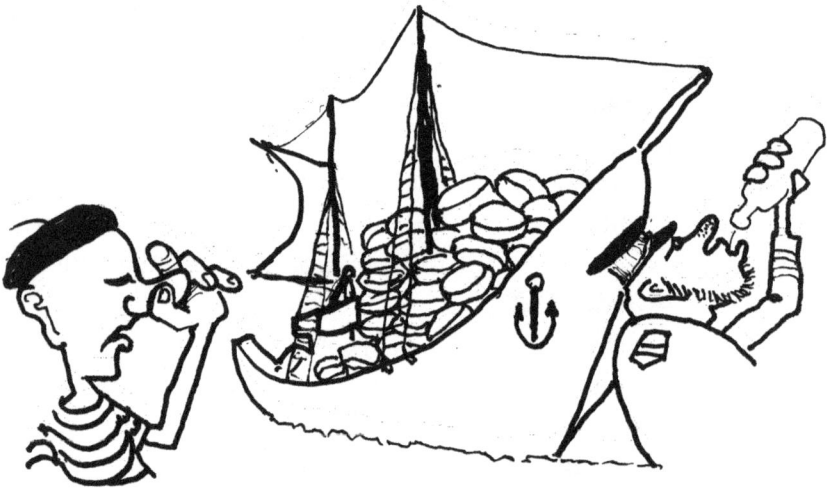

BEMAN · 04

Vive la vie – Leve livet

Skeppsholmen är som bekant en av de många öar som tillsammans bildar Stockholm. När drottning Kristina på sin tid tyckte att det blev för skräpigt runt slottet och kajerna däromkring med båtbyggerier och reparationsverkstäder, förpassade hon dylika verksamheter till Skeppsholmen.

Utefter kajerna på Skeppsholmen ligger numera de mest underbara gamla farkoster sida vid sida. Varje båt har sin sällsamma historia. Här ligger gamla skutor som gått i frakt med trä mellan Östersjöländerna. Sekelgamla trålare med tändkulemotorer. Ståtliga tvåmastade seglare, som betvingat Nordsjön i storm. Smäckra ketchar. Lustfartyg som gjort soliga seglatser i skärgården.

Vid en av kajerna ligger Zelona. Hon är en traditionell fiskebåt, som en gång förliste utanför Hoburgen. Tre besättningsmän omkom. Efter år av vila på havsbotten bärgades Zelona av Albin Larsson från Hemse. Han lyckades släpa den illa åtgångna Zelona till Hemse. Där berättade Albin för sina fiskarkompisar att han avsåg att rusta upp Zelona. Gubbarna tvivlade på att Albin skulle lyckas få Zelona i dugligt skick igen, så Albin slog vad om att han skulle klara biffen. En låda pilsner var insatsen. Nu ligger Zelona blåmålad och vacker vid Skeppsholmskajen. Det blev Albin som kammade hem såväl pilsnern som båten Zelona.

Historier om förlisningar och spännande seglatser finns vid de flesta båtarna. Även om varenda farkost har sin egen fascinerande historia smäller kanske "Vive la vie" högst i fråga om bedrifter och äventyr. "Vive la vie" är inget vackert eller på något sätt charmant flytetyg, men hennes saga är sällsam och fylld av enastående händelser. Hon byggdes i Cherbourg år 1950. I jämförelse med de andra båtarna på Skeppsholmen måste hon därför betraktas som en ungdom. De andra båtarna runt kajerna är mestadels ärevördiga madammer med något sekel på nacken.

Det var det franska champagne-huset Pol Roger som beställde byggnationen av "Vive la vie" och hon är långsmal som en orm. Hon mäter 39 meter i längd och 5,5 meter i bredd. Skälet till att hon fick denna mindre tilltalande form var att hon skulle kunna klara passagerna genom de trånga slussarna i de franska kanalerna. Champagnehuset Pol Roger avsåg nämligen att skeppa champagne mellan Epernay och Calais med "Vive la vie". Framförallt var det champagnen av märket "Winston Churchill" som skulle forslas till engelska hovet, eftersom det var hovets favoritchampagne.

Trots att "Vive la vie" var specialbyggd för att klara de smala slussarna gick det på tok. Hon kilade fast sig. Kanske hade man räknat fel på några centimeter, eller var det någon slarvig båtbyggare som inte höll reda på måttstocken? Pol Roger fick lov att finna andra vägar att transportera "Winston Churchill" till kungahuset i London. "Vive la vie" såldes därför till en firma som tillverkade delikatessost. Den förföriska lasten av champagne byttes ut mot mer prosaiska ostar. Kapten på skutan var nu den något alkoholiserade Rudolph Proverbio. Han blev så småningom mer känd för att ha stått som förebild till kapten Haddock i Tin Tin berättelsen.

Osttransporterna från Argonne bjöd på nya problem. Delikatessost och framförallt mögelost har en tendens att lukta illa. En fruktansvärd odör kom att sväva kring "Vive la vie" där hon drog fram på kanalerna. I hamnarna älskade råttorna att borda henne. På grund av odören fann besättningen det svårt att leva ombord. Det stolta skeppets saga som leverantör av delikatessost tog ett hastigt slut.

"Vive la vie" fördes till Paris. Inte heller besöket i Paris blev en framgång. År 1966 brakade hon in i brospannet på Pont Neuf.

Hon brakade in så illa, att hon under en tid blev en del av själva bron. Eftersom stanken av gammal ost var svår att bli av med bestämdes det till slut att "Vive la vie" skulle passa bättre som avskjutningsramp för fyrverkeripjäser. Hon seglades till Rouen, varifrån hon i 17 år smällde upp fyrverkerier.

Efter årens lopp försvann också odören så pass mycket, att hon kunde användas som logi åt det team som spelade in TV serien "Fångarna på fortet". Hon kom också att bli platsen för filminspelningen av den berömde regissören Jean Vigo´s liv.

"Vive la vie´s" halsbrytande färd genom livet kom dock ej att avslutas med fyrverkerier i Rouen. En djärv och dristig svensk, Frank Andersson, fick syn på skorven och beslöt att införskaffa den. En ny spännande seglats förde därefter "Vive la vie" till Stockholm.

Planerna är att "Vive la vie" efter diverse upprustningar skall användas som lustfartyg i Provence champagnedistrikt. Nu ligger hon prydligt målad i champagnehuset Pol Rogers färger och njuter av utsikten runt Skeppsholmen.

Champagneleverantör till engelska hovet, transportör av camembert till kräsna ostälskare, tidvis fungerande som bihang till Pont Neuf-bron, fyrverkeriuppskjutningsramp i Rouen, filminspelningsateljé och kanske snart lustfartyg i Provence – det finns inte många flytetyg som kan slå den meritlistan.

Aktualiteter

Visserligen påstås det att sommaren är här. Och om sommaren brukar det inte stå så mycket att läsa i tidningarna. Lättjan sätter in. Folk orkar inte bry sig om vad som händer långt bort i världen. Indien och Kina ligger för långt bort att fånga ens en tillstymmelse till intresse. Hängmattornas tid är inne.

Men det var förr det. På den tiden då solen lyste. Denna sommar är annorlunda. Nyheter om obehagligheter som sig i landet tilldrager kommer lika tätt som spöregnen. Om det inte berättas om översvämningar i Småland så har vattenmassorna dränkt Korpilombolo. Sveriges paraplyfabrikanter har dock haft strålande tider.

Vad som förvånar mig är emellertid de dagliga rapporterna från väderlekstjänsten. Mot slutet av varje rapport lämnas en jämförelse om hur vädret varit den senaste dagen jämfört med samma dag för ett år sedan. I dessa rapporter påstår ständigt någon svagsint väderleksexpert att temperaturen varit högre än motsvarande period förra året. Frågan är om vädergubbarna ljuger som hästar travar eller om de tappat all sans att presentera jämförande statistik?

Nu finns det gud ske lov så mycket annat intressant som händer i Sveriges land. Vi behöver inte tjata om vädret. Allsången på Skansen är som bekant en svensk kelgris av bästa märke. Trots att också allsången hållit på att regna bort innehåller programmet så mycket annat som kittlar till diskussion. Anders Lundin heter den nye allsångsledaren. Herr Lundin är en ung man med trevligt utseende och hejigt pojkaktiga manér. Han har fångat in en ny och betydligt ungdomligare publik än den som kom för att sjunga med Lasse Berghagen. Det sjungs inte så mycket längre om teddybjörnen Fredriksson. Nu blir det svängigare låtar. Hip hop tror jag det kallas. En del något mera till åren komna människor våjar sig över denna utveckling. Allsång skall bestå av gamla välkända melodier och sjungas någorlunda stillsamt med melodisk eftertanke. Nu fladdrar Skansen av ungdomar som viftar vilt med armarna och stampar med benen. Lundin fladdrar i takt med publiken.

Ett annat samtalsämne under paraplyerna har gällt Göran Perssons tystnad. Folk har under många år - enligt åtskilliga observatörer alltför många - lärt sig lyssna till Göran Persson. Han har alltid varit beredd att förmedla sina åsikter om det mesta. Ingen händelse har fått gå förbi utan en kommentar från Göran Persson. Plötsligt har han denna sommar hållit tand för tunga, för att använda ett gammalt utryck. Göran Persson hävdar själv att han bedriver konvalescens efter en höftoperation. En del elaka motståndare förvånar sig syrligt över att det behövs en operation för att avhålla statsministern från att språka. Det bör kanske tilläggas att statsministern har andra problem också. Det svenska spritmonopolet, Systembolaget, har varit en bra kassako. Mycket pengar har kommit staten till del tack vare svenskarnas intresse för Renat, Absolut Vodka, whisky och andra begärliga drycker. När våra grannländer sänkt skatten på sådana drycker reser många till Danmark eller Finland och skaffar sig vad de behöver. Systembolaget går sämre och sämre. Till råga på eländet råkar statsministern vara gift med Anitra Steen som är chef för bolaget. Förargligt så det förslår.

Någonting annat som statsministern kan känna oro inför är måhända folkpartiledaren Lars Leijonborgs förslag att de borgerliga partierna borde slå sig samman. Det är inte så särskit stor skillnad mellan de borgerliga partierna, menar Leijonborg. Om de bildade gemensam front skulle deras chanser, enligt Lejonborg, vara betydligt större att åstadkomma en politisk förändring i Sverige efter decennier av socialdemokratiskt styre.

Sverige är ett humant land. Alldeles på tok för humant, för att inte säga klemigt, menar många.

I svenska fängelser har fångarna tillgång till TV, permissioner, besök av släktingar och vänner och mycket annat som gör deras vistelse mera njutbar och vilsam. Trots den snälla omvårdnad som fångarna utsätts för rymmer de inte sällan från sina fängelser. Ett modernt tecken på att människor aldrig blir nöjda. Nyligen rymde några av fångarna från anstalten Hall, som betraktas som en av de rymningssäkraste. De fångar som rymde var dömda till långa fängelsestraff. Rån, stöld och grov misshandel fanns med bland de brott de vid flera tillfällen framgångsrikt hade engagerat sig . Med pistol som de på något oförklarligt sätt lyckats smuggla in på fängelset lyckades de bura in en av sina väktare i en av de celler de själva lämnat innan de gav sig av i en till fängelsets port framkörd personbil.

Oppositionens politiska partier har efter den senaste rymningen begärt justitieministerns avgång. De anser att justitieministern som bär högsta ansvaret för säkerheten på landets fängelser bör lämna sin post.

Så nog händer det en del i riket även under sommaren och nog har statsministerm mycket att fundera över.

Vem skall bestämma?

I Sverige har folkomröstningarna inte duggat särskilt tätt. Men sisådär en gång vart tionde år har våra folkvalda riksdagsledamöter ansett att de inte vågat ta ställning till en fråga på egen hand. Motbokens avskaffande var en fråga som begripligt nog satte känslorna i svallning i stugorna. Vem har inte någon gång glatts åt Albert Engströms affisch med uppmaningen: "Kräftor behöver dessa drycker!" Övergång till högertrafik och kärnkraftens vara eller icke vara var andra stridsfrågor som eldade upp sinnena. Senast i åminnelse kom den sorgliga omröstningen om EMU.

I dagarna grubblas det i riksdagskorridorerna om det måhända kan vara dags att låta folk tycka till igen. Nu gäller det den förslagna EU-konstitutionen. Tony Blair, om vilken vi vet att han är en stark vän av EU, har hittills inte velat låta engelsmännen folkomrösta i denna fråga. Många tror att han kämpat mot en folkomröstning därför att han befarar att många engelsmän inte delar hans positivism inför EU. Nu har emellertid Tony Blair svängt ett helt varv. Han säger sig vara för en folkomröstning. Känner han sig pressad härtill? Tror han att opinionen i England ändrat sig? Har hans egen uppfattning svängt? Finns det andra taktiska överväganden? Eller är det som tidningen The Economist gissar, att Blair har en "almost mystic faith in his powers of persuasion"? Än så länge finns bara gissningar.

I Sverige hävdar en del att det bör folkomröstas om EU-konstitutionen. Så vitt jag vet har inte något av de politiska partierna ännu klart deklarerat var de står.

När en fotbollsdomare blåser i pipan för straff, då skall straffen sparkas. Ingen diskussion om den saken. Domaren har valts att döma fotbollsmatcher därför att han kan spelreglerna. Alltså bestämmer han. När en konsertdirigent dirigerar Beethovens Femma måste orkestermedlemmarna rätta sig efter hur dirigenten vill att stycket skall spelas. Det är han och ingen annan som står på pallen och som skall klara den uppgiften. Kirurgens beslut om nödvändigheten av en operation kan det oftast vara dumdristigt att nonchalera.

Vi har givetvis vår fulla rätt att bua åt den fotbollsdomare vi anser dömt en felaktig straffspark, eller att i efterhand kritisera den dirigent som vi tycker har vantolkat Beethovens Femma. Men de flesta av oss finner oss i alla fall i själva principen. De som är valda till eller utsedda att sköta vissa jobb skall anförtros att göra så intill dess de visat sin inkompetens och avskedas från sina uppgifter.

I företagen gäller samma regler. Ägarna utser en bolagsstämma. Ägarna ger bolagsstämman ansvaret att följa och övervaka hur bolaget sköts samt att tillsätta en verkställande direktör med uppgift att leda den dagliga verksamheten. Så länge verksamheten fungerar på ett tillfredsställande sätt kan de på detta sätt utsedda förvaltarna oftast räkna med att få fortsätta att sköta sina ämbeten. Misslyckas de med detta byts de ut och ersätts med mer kvalificerade personer.

På det här sättet måste det i de flesta fall gå till. Vår tillvaro är komplex. Endast personer som fått sin utbildning i eller skaffat sig erfarenhet i de frågor som skall hanteras, är kapabla att reda ut konsekvenserna av olika alternativ.

I demokratiskt styrda länder bör det förhoppningsfullt gå till på ungefär samma sätt som det gör i företag och andra sammanslutningar. Vi röstar på det politiska parti som vi anser driver den politik vi sympatiserar med. Riksdagsfolket kommer från olika bygder. Dessa folkvalda personer borde alltså veta vad folk tycker ute i de bygder, varifrån de själva kommer. Riksdag och regering har till sitt förfogande staber av sakkunniga och fackinriktade departement som är flinka i att analysera de mest svårgenomträngliga ärenden. Våra folkvalda representanter har sålunda möjlighet skaffa sig all tänkbar information för att kunna fatta kloka och väl övervägda beslut.

Eftersom vi alla i val utsett våra förtroendemän och dessa förtroendemän har tillgång till nödig information och sakkunskap, frågar man sig varför det överhuvud behövs folkomröstningar. Framför allt tycks det vara tveksamt att hålla omröstningar i sådana komplicerade frågor som är nästintill ogenomträngliga för gemene man. Det kan t.o.m ifrågasättas om det är särskilt korrekt att fråntaga människor ansvaret att lösa sådana problem, som de blivit tillsatta att lösa. Eller formulerat på ett annat sätt: Har den som tilldelats ett ansvar rätt att lasta över ansvaret på ett kollektiv?

Detta är ju vad som hände i EMU valet. Många riksdagsmän, inklusive självaste statsministern, arbetade som bekant starkt för ett ja. När det nu blev ett nej tvingas han och många andra för-troendevalda alltså skylla på en folkomröstning att det inte blev som de rekommenderade sina väljare. Det förefaller mig egendomligt att ett resultat blir särskilt klokt bara därför att många, varav flertalet som endast har begränsade resurser att värdera konsekvenserna, ges chans att rösta.

Många menar att det ändå är värdefullt att i en så kallad rådgivande folkomröstning få ett hum om vad folk i gemen tycker. Att kolla vart vinden blåser. Mångvälde låter bra. Alla anständiga människor hyllar principen att varje enskild individ givetvis har rätt att bli hörd. Innan vi ropar på folkomröstning vore det klädsamt att erkänna att det trots allt finns frågor, där det inte räcker med att bara tycka till. Inte minst konsekvenserna av felaktiga beslut kan det stundom vara välbetänkt att ta hänsyn till. Hur många samhälleliga frågor finns det, som är av sådan enkel natur att de lämpar sig att folkomrösta om? Kanske frågan om vi skall färdas på höger eller vänster sida om vägen var en sådan. Många fler frågor lämpade för folkomröstningar kommer jag i skrivande stund inte på.

BEMAN-04

Könsneutral äktenskapsbalk

Många framstående diktare har uttalat sig vördigt och ibland vanvördigt om äktenskapet.

August Strindberg gifte sig som bekant ett antal gånger. Han kan med skäl påstås tala av erfarenhet. "Man får ta äktenskapet som en prövning", var en av hans något sarkastiska kommentarer. André Gide, som kanske var mer analytiskt lagd och tänkte på alternativen, uttryckte sig annorlunda: "Äktenskapet har många sorger, men celibatet ingen glädje."

När Britta i Knottorp en gång på hedenhös tid gifte sig, bjöds det på en rejäl fest på gården. Pappan, bonden Knut, hade anhållit om extra ranson från Systemet. Anhållan beviljades givetvis, eftersom Knut också var ordförande i nämnden som prövade sådana ärenden. Och mor Anna hade trillat köttbullar i veckor tills fingrarna blev fnasiga. Albin i granngården hade slagit på stort och forslat hem några rediga dynamitpatroner från Järnbolaget. De tänkte han smälla av så snart stämningen så påkallade. Litet extra dunder piffar upp. Kanske skulle det ske när traktens ungdomar hade samlats runt mangårdsbyggnaden och ropat: "Brudparet Ut!" Enligt tradition skulle brudparet alltid visa upp sig på trappan – bruden med rosiga kinder och nystruken klänning med släp, och brudgummen i cheviotkostym och slips med nål i. Eller också fick smällandet äga rum strax efter det att traktens damkör sjungit "När björkarna susar sin milda sommarsång".

Lantliga bröllop gick inte av för hackor förr i tiden, men det var tider det! Nu går såväl ritual som allting annat enligt nya, modestare banor.

Sveriges Riksdag behandlar för närvarande vad man kallar en "könsneutral äktenskapsbalk".

Frågan som debatteras gäller om två personer av samma kön, d.v.s. sådana som går under benämningen "samkönade", skall ha rätt att ingå äktenskap. Många nya ord kommer till allteftersom utvecklingen går framåt.

I Kalifornien viger som bekant självaste borgmästarn samkönade till äktenskap även om guvernören tredskas och hotar med ogiltigförklarande av sådana hymens band som knutits med hjälp av en olydig borgmästare. I Sverige har man tänkt sig att dispyter mellan olika potentater skall undvikas. Riksdagen skall därför bestämma var skåpet skall stå. En könsneutral äktenskapsbalk skall instiftas.

Många så kallade "upplysta" länder har redan infört könsneutrala äktenskapslagar. Belgien och Holland är några, och fler länder stampar i kön. Från den debatt som pågår i Sveriges riksdag har jag lärt mig att den enda objektiva skillnaden mellan samkönade och olikkönade par är att två personer av samma kön aldrig på biologiskt vis kan skaffa sig barn tillsammans. Så nu fick jag äntligen detta klart för mig.

Synen på homosexualitet har förändrats dramatiskt. Att homosexualitet i Sverige för länge sedan till och med betraktades som brottsligt har vi kanske förträngt. Dock kan det kanske vara skäl att påminna om att homosexualitet för inte längre än 40 år sedan ströks som sjukdomsbegrepp ur Socialstyrelsens register.

De politiska partierna i Sverige har olika synsätt. Folkpartiet är kanske det parti som visat den tydligaste linjen. Enligt folkpartiet skall äktenskapsbalken utformas på ett sådant sätt att den gör det möjligt för såväl homo- som heterosexuella att ingå äktenskap. Partiet menar vidare, att de olika trossamfunden själva skall avgöra vilka vigslar man vill förrätta. Inget samfund skall därför kunna åläggas att viga samman personer av samma kön.

Hur själva vigselceremonien skall gå till råder det förstås också delade meningar om. Fest och glädje eller torr formalia är huvudalternativen. Många är av den uppfattningen att det bör göras en åtskillnad mellan vad som i samband med ingåendet av ett äktenskap är strikt juridiskt och vad som har med andra, mera mänskliga, saker att göra. I juridisk mening innebär äktenskapet ett avtal, som omfattar regler om arv, försörjningsplikt, namn, skatt och andra sociala förhållanden. Den delen av äktenskapet, menar många, har ingenting med parternas religiösa trosuppfattningar att göra. Därför bör endast samhällets myndigheter ha hand om denna del av äktenskapsingåendet. Prästerskapet göre sig ej besvär.

Den högtidliga och romantiska delen av en vigselceremoni är en helt annan sak. Och en mycket viktig och betydelsefull sak, menar många. De hävdar att livet blir uselt utan glada bröllop.

Allt i tillvaron får inte bara upplevas som en regnig måndag. Det vore hädiskt att låta en sådan milstolpe i livet som ett äktenskapsingående reduceras till en kameral affär. Ett simpelt undertecknande av ett kontrakt inför en mittbenad byråkrat. Löften, som ges mellan älskande par har inte bara juridisk betydelse. De blir till minnen för livet. Helst bör det vara kyrkbröllop med tärnor. Klockor som ringer. Floder av familjetårar bör flöda. Fotografier bör stå på hedersplats på kommoderna i decennier och minna om hur unga vi ändå en gång var.

Själva bröllopsfirandet har givetvis ingenting med den könsneutrala äktenskapsbalken att göra. Än så länge står det såväl samkönade som olikkönade fritt att välja mellan glans eller byråkrati. Ärade riksdagsledamöter behöver inte bry sig.

Jag kommer inte ihåg hur det gick för Britta i Knottorp och hennes man. Kanske har de numera femton barnbarn. Men en sak minns jag: Ett sjudundrande bröllop blev det. Ett bröllop som det talades länge om bland bönder och torpare på slätterna runt Askersund.

BEMAN - 04

Skönhet, djärvhet och djävlar anamma

Alla som besöker Stockholm kommer snart kunna få njuta av en formfulländad skönhet. Vid Skeppsholmens kaj kommer hon behagfullt att guppa och visa upp sig. Hon är inte vilken dam som helst. Hon är en brigg med förtjusande gracer.

För inte så många decennier sedan kunde stans flanörer beskåda åtskilliga briggar som seglade fram på fjärdarna. Som mest har jag förstått att det fanns 400 briggar i Sverige. Evert Taube sjöng många härliga sånger om sådana skepp. Många av oss minns säkert det hemska som hände briggen Blue Bird av Hull, som förliste på julafton 1972. Undan för undan försvann de vackra briggarna från farvattnen. Skönhet och djärvhet fick ge vika för ändamålsenlighet och lättja. Att manövrera ett stort antal råsegel är ingen enkel match. Det är betydligt bekvämare med motorer och annat brummande elände. Men snart skall råseglen hissas igen.

Sjökaptenen och läraren Jan-Erik Mansnerus närde en idé, en idé som bottnade i kärleken till skärgård, hav och vackra farkoster. Han ville bygga en riktig brigg. För sju år sedan omvandlades hans idé till ett projekt. Då hade han samlat tillräckligt många seglarfanatiker omkring sig som fångades av hans tankar. Byggnationen kunde börja. I Kanonverkstaden på Skeppsholmen startade tillverkningen av Stockholmsbriggen.

De flesta djärva idéer somnar ofta in i stillhet. Det är som bekant lättare att hänge sig åt vackra tankar och drömma fantasifulla drömmar än att försöka genomföra dem i vardagens motsträviga miljö. Verkligheten bjuder för det mesta på triviala problem. Särskilt gäller detta byggnationen av en riktig brigg. Det ligger mansåldrar tillbaka i tiden sedan en dylik farkost byggdes senast. Några ritningar och beskrivningar över hur en brigg skall konstrueras visade sig vara svårt att finna. Inte heller var det lätt att få tag på skeppstimmermän som vet hur grova ekspant skall böjas och bordläggning skall formas. Numera arbetar folk mera med glasfiber och plast.

Jan-Erik Mansnerus och Olle Strandberg – en annan av pionjärerna – är emellertid två djärva män av det gamla släktet. De bestämde sig för att problem är till för att övervinnas. På olika museer lyckades de finna vad de sökte. På Krigsarkivet hittade de linjeritningar från 1857 över briggen Gladan och på Karlskrona Marinmuseum letade de sig fram till observationsjournaler och andra dokument. Gladan betraktades av sjöfolk som ett säkert och välseglande fartyg. Gladan deltog på sin tid bl.a. i Nordenskiölds expeditioner till nordliga farvatten. Det material som Jan-Erik Mansnerus och Olle Strandberg letade sig fram till ligger nu till grund för byggandet av Stockholmsbriggen. Modern CAD-teknik blandas med traditionellt hantverk när skeppstimmermännen under ledning av Korhan Koman bygger skeppet.

Skeppsbyggeri av gamla briggar är en utdöende företagsamhet. Timmermän som behärskar konsten att tillverka farkoster av detta slag växer inte på träd. Det finns ytterst få kvar som har någon erfarenhet på området. Martin Romare och Tobias Ek är emellertid yrkesmän som ännu kan knepen. Dessa två, tillsammans med skeppsbyggmästaren Korhan Koman, arbetar nu i Kanonverkstaden på Skeppsholmen. Utöver de tre nu nämnda skeppsbyggarna deltar också andra yrkesmän. Samarbete har också inletts med Stockholms Hantverksförening. Lärlingsverksamhet bedrivs. Hantverksskickliga ungdomar ges möjlighet att lära sig traditionellt skeppstimmermanskap.

Arbetet började 1997 då de första spanten restes. De översta och understa stråken är en halv tum tjockare än mellanstråken. Alla stråken förses med en liten fräst pärla i kanten för att göra den ytterligt lite vackrare. Däcket är av kvistfri, långsamt vuxen lärk från Sibirien. Sådan lärk är såväl vacker sim rötbeständig. Ett fartyg som byggs rätt och underhålls väl kan segla i hundra år.

När Stockholmsbriggen någon gång nästa år kommer att kunna hissa segel beräknas hon ha kostat trettio miljoner kronor. Sponsorer av allehanda slag har möjliggjort bygget. Det går att bli medlem i Föreningen Briggen. En ungdom under 19 kan bli medlem för 100 kronor. För äldre personer kostar medlemskapet 200. Möjlighet finns också att köpa en aktie i föreningen för 1 500 eller bidra med pengar och få sitt namn inpräntat i bordläggning. Glädjande nog finns det tillräckligt med individer och organisationer som är så begeistrade i projektet att det även finansiellt kan föras i hamn.

Den sköna Stockholmsbriggen kommer att vara 35 meter lång och 8 meter bred. Hon kommer att drivas av 750 kvadratmeters råsegel. Genom sitt stora symmetriska segelplan kan en brigg under skickligt befäl utföra en rad svåra manövrer. Hon kan t.ex. fås att stå still, vända 180 grader på sin egen längd och backa sidledes in till kaj.

Stockholmsbriggen skall segla i Östersjön och därigenom vara en del av det nätverk för kultur och handel som existerar. Samtidigt skall hon fungera som ambassadör och symbol för Stockholm och Stockholms historiska betydelse som viktig hamnstad. Stockholmsbriggen skall också användas för utbildning. Skeppet ska kunna utgöra praktikplats för blivande sjöbefäl samt fungera som plattform för seminarier och konferenser. Romantiskt sinnade fästfolk kan som von Heidenstam segla ut mot Blå Jungfrun och gifta sig ombord på Briggen. Skeppstimmermän som i framtiden skall vårda Sveriges kulturarv skall också kunna få sin utbildning på fartyget. Ambitionen är också att briggen skall delta i Tall Ship Race år 2006.

"Hon ska förmedla kunskap och upplevelser och hennes skönhet ska njutas i skärgård, på hav och i hamn", skriver grundarna i sin programförklaring.

Nog är det en glädje att vissa djärva och till synes ogenom-förbara idéer kan leda till sköna resultat. Uppenbarligen har det också krävts rätt många portioner av djävlar anamma för att lyckas.

Skeppsgossar, gnällspikar och Leijonborg

Denna sommar gick en gammal sjömanstradition i graven. Då mönstrade nämligen de sista skeppsgossarna av för gott. Det var inte precis några juniorer som mönstrade av. Medelåldern på de skeppsgossar som ställde upp för avmönstring uppgick till 87 år.

"Vi slutar medan vi ännu kan stå på benen" sa Carl-Gunnar Fagerlind, ordförande i den illustra församlingen. Carl-Gunnar tillhör juniorerna bland de nu avmönstrade skeppsgossarna. Han är en yngling på 85 år.

Skeppsgosseinstitutionen föddes för närmare 320 år sedan, eller år 1685 för att vara precis.

Skeppsgossarna utbildades i sjömansskap på segelfartyg. Vad de inte lärde sig om knopar, segel, segelsättning och vindar är inte värt att veta.

Med tiden blev skeppsgossekåren en plantskola för örlogs-flottans underofficerare. Den utbildningen upphörde dock för länge sedan. Sista årskullen skeppsgossar gick ut ur skolan för mer än ett halvsekel sedan. Det var ännu längre sedan det fanns några seglande krigsfartyg. Det allra sista lär ha halat alla segel redan år 1900.

Det är från världsomseglingar med fullriggaren *af Chapman*, som många av de nu avmönstrade skeppsgossarna har sina bästa minnen. Bror Sjödal var en som var med då det begav sig. Han minns en gång för mer än 70 år sedan, då han seglade som skeppsgosse, att en haj fångades i Atlanten på *af Chapmans* seglats mot Boston. Bror Sjödal fick behålla en av hajens tänder. Den tanden pryder ännu hans sjömanskniv.

Att sova i hängkojer tätt intill varandra under däck och arbeta till väders i kulingväder förde skeppsgossarna nära varandra. Det är inte att undra på att de har muntert när de träffas och överträffar varandra i berättandet av gamla minnen, som bara blir mustigare med åren.

BEMAN-04

Förflyttning av kåk på Torö

Här ute i havsbandet där jag försöker befinna mig så ofta som möjligt finns så här års ingen anledning att fälla några tårar eller att gripas av tungsinne. Den begynnande sommaren är en gudabenådad tid. Rönnarna nere vid bastun står fulla av vita blomklasar och i snåren omkring huset doftar liljekonvaljerna. Naturen tar längre tid på sig här ute i havsbandet. Den ömsar inte kläder i rappet. Björkarnas och asparnas djupgrönt varma sommarkläder får vänta. Under någon försvinnande kort vecka gäller det skirt och lätta ljusgröna, ibland med stänk av lila. Östersjöns vatten värmer inte upp stränderna förrän långt in i juli. Kanske beror det på att de norrländska älvarna ständigt forsar ner nyligen smälta snömassor.

Det krävs förstås också många solveckor att värma upp vattnet i den stora Östersjökitteln. Utanför Läskär ligger två svanar behagfullt och till synes begrundande. Det dröjer ännu många veckor innan semesterfirare och motorbåtarnas knatter och skvalp stör deras majestätiska flytande.

Så värst mycket händer inte här ute bland kobbarna. Krig i Irak och parlamentsval i Bryssel når inte hit. Istället blir det de små vardagligheterna som man byter ord om i handelsboden eller vid postlådan när tidningen anlänt. Härute är det angelägnare att informera sig om hur det går för Janne att flytta sin kåk än att dryfta fjärran världshändelser.

Janne livnär sig på fiske. Eller på ströjobb av olika slag när torsken försvinner och näten ligger tomma. Janne har under åratal bott i en liten risig kåk. Problemen med kåken har varit många. Den är varken särskilt bekväm eller ombonad. Styva västliga vindar blåser rakt igenom väggpanel och fönsterspringor. Men den är Jannes hem och det finns plats för vedspis, säng och det nödvändigaste. Det största problemet har dock varit att den tills för någon tid sedan råkar stå på ofri grund. I samband med att marken nyligen sålts till ny ägare har därför den svåra situationen uppstått att Janne inte kan tillåtas bo i sin nästan fallfärdiga kåk. I varje fall inte där den nu står.

De flesta på bygden rekommenderade Janne att riva eländet och bygga någonting nytt på annan och fri mark. Sådant låter sig sägas av människor som är besuttna och alltid vet bäst. Men det krävs kontanter att bygga någonting nytt.

I avsaknad av dylika världsliga resurser ansåg sig Janne inte ha något annat val än att försöka flytta sin kåk. Han menade att det borde gå att släpa stugan till en närliggande tomt. Bygdens folk höll andan när Janne började arbetet. Några slog vad om att det säkert skulle sluta med att hela kåken ramlade ihop.

Janne införskaffade domkrafter, linor, spelverk och annat som han bedömde skulle behövas.

Jannes hjälpsamme kompis Pelle, som är stark och har egen flakmoppe, kom farande för att stå Janne bi. Med gemensamma krafter monterade de in domkraften under kåken och lyfte den som man lyfter en bil på sidan om ett däck måste bytas. Järnrör kilades in under golvet på den skrangliga byggnaden. Centimeter för centimeter lyfte sig huset. Väggarna knakade och glipade. Linor sattes fast i golvbjälkarna. Handdragna spelverk monterades. Med andan i halsen kunde Janne konstatera att det gick att med snigelfart dra kåken och att fönsterrutorna höll. Dag efter dag pågick arbetet. Janne och hans kompis svettades, vevade och satt ner och drack en öl mellan varven. Traktens folk tog sina ärenden förbi och undrade hur allt skulle sluta.

Efter veckor av slit står nu Jannes kåk på fri grund. Även om trävirket fått en del glipor och mycket av det sågspån som fanns mellan väggarna för att hålla värme i kåken ramlade ur under färden så kvarstår faktum: Janne lyckades.

Ett krux i det hela är att Jannes hus nu råkar stå på en plats varifrån det är sjöutsikt. Sjöutsikt är någonting som taxeringsintendenterna bevakar som hyenor. Det leder ofelbart till höjda skatter. Å andra sidan tror jag inte att Janne ägnar lång tid att läsa eventuella meddelanden från taxeringsmyndigheterna. Och skulle värre komma till värst får väl Janne och hans kompis ta fram domkraften igen och flytta kåken några meter ifrån sjöutsikten.

ZEMAN-04

98

Den svenska ljungen och sensommar på Torö

Den svenska ljungens skönt djuplila blomstring har jag alltid funnit oemotståndlig.

Under den första blomningen är det en fröjd att bara betrakta bergskrevorna översållade av ljung. N är det börjar bli höst bleknar så färgerna.

Ljungen besitter en tillbakadragen och försynt skönhet. Ljungen prålar inte som andra färgsprakande blomster i välansade rabatter. Anspråkslöst trivs den bäst på ensliga myrar eller i grå bergsskrevor. Ljungen är en av skönhetsupplevelserna och glädjeämnena ute vid havsbandet på Torö. Den hör ihop med landskapet. Kärvt men samtidigt betagande.

Det mörknar tidigare om kvällarna. Några neonljus har ingen chans att nå hit ut. Månfria kvällar behövs det ficklampor att leta sig fram till vedbon eller utedasset. Men skenen från några fyrar sveper ibland några ljusgator över fjärdarna. I nordost blinkar Viksten, i söder Landsort och mot sydväst syns Grisbådan.

Tyst är det också för det mesta. Men vid kulingväder viner det i talltopparna.

Om morgnarna hörs grannens tupp. Ulla, som är änka efter fiskaren Rune Lagerström, är vår granne. Ullas tupp vaknar så snart det ljusnar och gal av högmod och stolthet att vara ensam tupp i hönshuset. Tuppens galande stör inte friden utan sätter snarare piff på den. Ullas hönor håller sig tysta till längre fram på dan. Då springer de runt och kacklar förnumstigheter till varandra.

Vi lever enligt enkla bytesprinciper här ute. Om jag lyckas få några fina abborrar i näten går jag ner till Ulla och överlämnar en nyfångad abborre till henne. I gengäld får vi en ett antal ägg från henne. Senare på kvällen ringer Ulla och berättar att hon till middagen njutit av stuvad abborre medan vi kan se fram mot kokt ägg till frukost. Sådana små byten befrämjar grannsämjan och stärker samhörigheten.

Fiskefångsterna blir ofta bättre så här på sensommaren. Flundrorna har växt till sig. Kanske det finns mer alger eller andra delikatesser för hungriga flundremagar i sjön att fröjdas över vid den här tiden. En och annan sik fastnar ibland i näten. Det är med fiske som med så mycket annat här i världen. Det gamla vanliga blir trist i längden. Därför är det extra roligt att få upp sikar och piggvarar istället för de mera traditionell flundrorna.

Vid vår brygga har en mink sitt tillhåll. Vi tittar på varandra ibland minken och jag. Han har mörka nyfikna ögon och en vacker glänsande päls. Härom morgonen, när jag vittjade ett nät alldeles vid bryggan, blev jag varse att minken lyckats käka upp en av flundrorna som fastnat i nätet. Det var bara några slamsor kvar av flundran. Den flundran hade verkligen råkat ut för dubbel otur. Först bli fångad i ett nät och därefter, medan hon ännu sprattlade i nätet, bli uppäten av en mink. Det är i sådana stunder jag gläds åt att jag inte föddes till flundra.

Så många stora händelser äger inte rum här ute på Torö, när de flesta sommarfirare dragit sig tillbaka till stan. Färre segelbåtar syns ute på fjärdarna. De enstaka seglare som drar förbi seglar mot norr och uppdragningshamnarna runt Dalarö och Stockholm.

Den lilla krogen vid Ankarudden, Sjöbodarna, har satt upp en skylt som meddelar att den endast håller öppet på helgerna. Denna tragiska tilldragelse tillhör en av höstens sorger. Många goda sommarmåltider har avnjutits där. Sjöbodarnas meny under sommaren inkluderade såväl kryddig fisksoppa som välhängda biffar från Hammersta.

Även Jane, som driver Torö Butik, varvar ner. Det är givetvis henne väl unt. Hon har legat i från tidig morgon till sen kväll hela sommaren. På handelsbodens dörr har hon klistrat upp en lapp om att hon från och med nu inte öppnar handelsbodsdörren förrän klockan 11. Hur det då skall gå för Petterson i den gula stugan står i stjärnorna.

Petterson har en flakmoppe. Med den flakmoppen har jag varje morgon iakttagit honom på väg mot Torö Butik. Även Pettersson med flakmoppen tvingas väl därför till att varva ner, när hösten är i annalkande.

Janne, som under sommaren under traktens jubel lyckats flytta sin kåk, är fortfarande i full gång. Nu har han hunnit till isoleringen. Utvändigt är isoleringen redan på plats. Nu har han börjat med brädfodringen. Dessutom har han köpt hem dubbla fönster med fina spröjsar. Jannes nya hus kommer säkerligen att bli ett slott jämfört med den gamla slitna kåk som han lyckades flytta.

Personligen ligger vi som alltid så här års i förhandlingar med Tomas och Matte, två av traktens bästa allt i allo hjälpare. Under årens lopp har jag resonerat med Tomas och Matte hur vi bäst skulle kunna förstärka vår brygga. Risken är stor att bryggan kommer att ge med sig om en riktig januaristorm sätter in.

Vi har diskuterat många teorier hur en sådan förstärkning lämpligen skulle kunna göras.

De senaste tio åren har våra teorier ej resulterat i något aktivt agerande. Kanske blir det inga hårda stormar i januari. Kanske bryggan håller. Och kanske minken kan få bo kvar under bryggan ett år till.

BEMAN
-04

Kungens yttrandefrihet

Mycket är krångligt i denna vackra värld. När kungen är ute och reser blir det ibland ett elände och ett ståhej. Senvintern ett år reste Kung och följe på statsbesök till Brunei. I Brunei skiner solen varmt vid denna tid på året. Bara det är någonting som de flesta svenskar behöver när isarna ligger och muddvantar och kängor har högsäsong. Även en kung bör ges möjlighet att sola sig ibland. Kan inte de mest inbitna motståndarna till en monarki hålla med om detta?

I Brunei är det öppet hus varje söndag i sultanens palats. Där skakar sultanen hand med alla som kommer och äter buffé med honom. Det är heller ingen dålig buffé sultanen bjuder på. Mot allt detta finns det näppeligen någon anledning att sura och visa dystra miner. Förmodligen skulle alla som kommer till det varma Brunei, där solen skiner och man bjuds på frikadeller och annat smaskens i ett propert palats, bli soligt stämda. Det är inget att undra på att också vår monark blev på gott humör. Med snälla och hyggliga människor omkring sig, med en generös sultan som värd och smakfulla rätter på borden blir vi alla stämda i dur.

I glädjen över att befinna sig där livet leker råkade kungen yttra sig på ett oöverlagt men vänligt sätt. Den strikta stelheten tillåter honom ej att vara oöverlagd. Knappast ens vänlig. Kungen råkade säga: "Brunei är mera öppet än något annat land man kan tänka sig".

Det förefaller mig inte alltför upprörande om en sådan kommentar fälls efter inmundigandet av en praktfull lunch i en solig miljö.

Men där hugger jag i sten. Enligt svenskt protokoll får en kung inte göra sig skyldig till så svepande vänlighet. Stora delar av det svenska etablissemanget fann kungens vänlighet störande. Förståsigpåare gav omedelbart hals. De meddelade att Brunei alls ej kan betraktas som ett öppet land. I själva verket är den generöse sultanen som bjussar på lunch en envåldshärskare. Han driver sitt soliga rike med järnhand.

I Riksdagen tar det ofta eld i den falang som driver monarkins avskaffande. De vädrade också denna gång morgonluft och hoppas att kungens yttrande om Brunei rentav kan leda till hans avgång. Gustav Fridolin heter en ung riksdagsman som tillhör miljöpartiet. Han placerar gärna sig själv på diverse plattformar och basunerar ut sina, enligt min mening, ej sällan befängda åsikter. Som alltid annars har han också i denna fråga tagit till orda. Fridolin anmodar kungen att be alla partiledare om ursäkt för den vänliga kommentar majestätet gjort om Brunei.

Stormen i detta vattenglas tvingade t.o.m. statsministern att hålla audiens med kungen på slottet. Efter samtalet med kungen låter dock Göran Persson meddela att stormen i vattenglaset kommer att bedarra.

Med de begränsningar i yttrandefriheten som omgärdar kungen måste han ha det bekymmersamt att hålla en glad konversation vid liv när han blir bortbjuden på middag.

Ett minne av Professor Gårdlund

Torsten Gårdlund, som avled år 2004, var en färgstark professor på Stockholms Handelshögskola, där jag en gång för mycket länge sedan hade förmånen att vara hans elev.

Hans skälmaktiga ögon, lustiga infall och ironiska leenden gav värme åt det inte alltför putslustiga ämnet pristeori. Även att iaktta honom, när han föreläste, var ett nöje. Han ägnade teatraliska sekunder åt att dricka vatten under sina föreläsningar.

Vid ett tillfälle bytte en student, som också var road av Gårdlunds vattenpauseringar, ut vattnet i karaffen mot vodka. När Gårdlund tog sin första klunk, röjde han inte med en min att det var någonting annat än vatten han drack.

Han fortsatte föreläsningen, som om ingenting inträffat. Så snart föreläsningen var avslutad tog han – fortfarande utan att ändra en min – karaffen i sin hand och lämnade långsamt salen.

Så fungerar en man med stil.

BEMAN
-04

Mutor eller vänlighet?

Vårt oförvitliga fädernesland ansågs länge vara världens heder-
ligaste land. Åtminstone tyckte alla vi svenskar att det förhöll
sig på det sättet. Särskilt gällde den uppfattningen den genuina
hederlighet som den svenska ämbetsmannakåren ansågs stå för. En
svensk ämbetsman har alltid varit helylle rakt igenom. Häradshöv-
dingar, poliskonstaplar och stadsfiskaler betraktades med vördnad
och respekt.

När Markurell i Wadköping en gång bjöd rektorn och hela
lärarkollegiet i Wadköping på praktlunch med champagne blev
det skandal. Så fräckt får man inte bete sig, även om man hop-
pas och tror att ens son därigenom skall kunna krånglas fram till
studentexamen.

Markurell trampade alltså totalt i klaveret, när han fick för sig
att det skulle kunna gå att muta sådana hedervärda ämbetsmän
som svenska rektorer och välkammade adjunkter. Dessa personer
var ju i alla fall i djupled anställda av det Kungliga Svenska Eck-
lestistikdepartementet. Därmed stod de över alla misstankar.

Människor avlönade av staten skulle – om världen skulle kunna
fortsätta att existera – tillhöra den moraliska eliten. Detta ansågs
självklart, även om det ur andra aspekter skulle kunna tyckas att
just dessa människors mediokra löner kanske skulle behöva fyllas
på med en eller annan försynt bestickning.

Tillvaron har gått i kras

Den gamla vackra uppfattningen att Sverige har en av låga vinstbegär helt oanfrätt tjänstemannakår, har på sistone åkt på en rejäl råsop. Fyrtio chefer på Systembolaget har denna höst fått bumsen. De distributionsföretag som levererar vin, champagne, konjak, vodka och andra åtråvärda drycker till Systembolaget vill givetvis att deras varor skall rekommenderas till kunderna och placeras på framskjutande platser i butikerna. För att få de ansvariga inom Systembolaget att såväl rekom-mendera dessa produkter som vidta andra åtgärder för att öka försäljningen, har distributionsföretagen givit dessa anställda förmåner av olika slag. De har blivit mutade.

Förbittringen över att Skandiadirektörer berikade sig skamligt var stor. Många som tog sig för pannan när detta uppdagades nöjde sig dock med att konstatera att så här går det kanske till i det kapitalistiska samhället. "Men när fyrtio av staten avlönade chefspersoner tar emot mutor, då går skammen på torra land," resonerar många. Och inte nog med det.

Hur djupt in i organisationerna florerar bestickning?

Ingen vet ännu hur många i systembolaget som kommer ställas inför rätta. Vad som i mångas ögon gör situationen än värre, är att VD för Systembolaget Anitra Stéen också råkar vara sambo med statsminister Göran Persson.

Det borde givetvis inte ha någonting med saken att göra "var Anitra Stéen tillbringar dygnsvilan", för att använda sig av Socialstyrelsens terminologi. Den springande punkten måste ändå sägas vara att såväl Anitra som hennes sambo sköter sina jobb utan inblandning från någonderas sida. Att media och folk i allmänhet tycker att just samboförhållandet gör allt som händer inom Systembolaget extra intressant och kittlande, det tillhör pjäsen.

Som alltid när moral är inblandad ger flera renlevnadsmän hals. Några av dessa menar att Anitra Stéen borde avgå som chef för Systemet.

De påstår med hög röst att om mutskandaler av motsvarande storlek uppdagades inom det privata näringslivet skulle VD:n omedelbart avskedas.

Vad är en muta?

Ibland kan det vara knivigt att avgöra om en vanlig vänlighet eller omtanke så småningom kan utvecklas till en muta eller ej. Om t.ex. champange-tillverkaren Moet Chandon skulle inbjuda vininköpare världen över att komma till deras anläggningar för att visa dem hur deras druvor blir till champagne, vilka tester av olika druvor som görs, hur deras laboratorier arbetar, vilka kvalitetskontroller som utförs, etc., förmodar jag att sådan information icke kan betraktas som en muta. Först när pengar kommer med i bilden blir det farligt.

Om förutsättningen att få komma med till vintillverkaren skulle vara att den inbjudne förbinder sig att endast sälja hans vin i sina butiker blir det farligt. Begrepp som "egen vinning" och "motprestation" får inte förekomma. Men var går gränsen? En liten flaska som present och tack för besöket?

När det gäller 50-årspresenter, julklappar och annat så kan dylika företeelser förvandlas från vänlighet till brott vid vissa belopp och under vissa omständigheter. Gränserna är dock inte alltid så kristallklara som vissa renläriga vill tro.

Egna förvillelser

När vi bodde i Monrovia hände det ibland att någon poliskonstapel, som levde på sådan svältlön som alla poliser i Afrika lever på, stoppade mig och andra med motivering att vi kört för fort. Även om det var uppenbart att vi, på grund av en nästan stillastående trafik eller en vägbeskaffenhet som omöjliggjorde farter överstigande 20 km i timmen, skulle kunna bötfällas för brott mot hastighetsföreskrifterna, var det oftast smidigare att hemfalla åt att ge den stackars konstapeln två dollar än att stanna och palavra i timmar. Att sätta mig på höga moraliska hästar kan jag därför omöjligen göra.

Större belopp, större intresse

Att bara komma dragande med två dollar i mutsammanhang är förstås nästan generande. Generaldirektören Loik Le Floch-Prigent var det betydligt större fräs på. Enligt vad jag inhämtat tvingades det franska oljeföretaget Elf, där han var anställd, att betala 32 miljoner francs till generaldirektörens fru för att få henne att hålla mun om diverse orena affärer som företaget ägnat sig åt. Fala kvinnor var också med och agerade i den affären. Fransmännen förnekar sig aldrig.

Vårt eget karga Gotlandsbolag har också figurerat i större sammanhang. Informationen gör gällande att en av rederiets chefer hade mutat till sig 11 miljoner från företag som hoppades att de därigenom skulle få – och kanske fick – ordentliga beställningar.

Bofors-chefer tvingades resa till myndigheter i Indien åtskilliga gånger för att prata mutor och reda ut hur det kom sig att Indien ville köpa kanoner från Värmland. Så nog har det förekommit en hel del långt innan Anitra Stéen blev förstasidesnyhet.

Toppjurist

I Sverige heter den jurist i toppen, som vakar över mutor och korruption, Christer van der Kwast. Kwast är ett bra namn i sammanhanget. "Det är inte lätt att klara ut om mutor förekommer eller ej", meddelade en något tungsint van der Kwast i TV nyligen. "Av alla korruptionsmål som kommit upp i svenska domstolar de senaste tre åren finns endast 150 som kunnat avslutas. Merparten av målen läggs ner".

Att åbäka sig

Att åbäka sig. Det sa vi förr i världen, när folk gjorde sig till. Sådana som klädde ut sig och betedde sig annorlunda. Gav väsen av sig och ville visa upp sig på ett otillbörligt sätt. Folk som åbäkade sig betedde sig annorlunda än vi vanliga konventionella och försiktigt tystlåtna knegare. Människor i allmänhet betraktade sådana som åbäkade sig med milt överseende eller lite nedlåtande. Så gammalmodigt tycks det inte förhålla sig längre.

I Stockholm har vi denna sommar haft en Pride Festival. En Pride Festival är ingen liten föreställning. Tusentals människor samlas och åbäkar sig. De som aktivt deltar tillhör den så kallade HBT-rörelsen. HBT står för homo-, bi- och transsexuella. I dagligt tal benämnda bögar, flator och transor, har jag lärt mig.

Deltagarna i Pride Festivalen klär ut sig – i den mån de överhuvud begagnar några kläder – i klatschiga, färggranna kostymer och bär gladlynta banderoller om kropparna. Andra deltagare är sparsammare med utrustningen. Då bär på sin höjd stringtrosor eller cylinderhatt.

I långa skaror ledda av många starka och snälla poliser vandrar dessa ut- eller avklädda deltagare under sång och jubel genom Stockholms gator. Om inte detta är att åbäka sig så har jag ingen aning om vad som menas med att åbäka sig. Det krävs som sagt en massiv polisinsats för att hålla ordning och reda på anrättningen. Dels för att hålla de uppspelta deltagarna i schack, dels för att hindra uppretade åskådare från att kasta sten eller vanvördiga glåpord.

Förmodligen är det så att människor av avvikande sexuell läggning känner sig illa ansedda.

Med all rätt kanske de upplever sig som utpekade och mindre accepterade. Precis som alla andra grupper i samhället som anser sig bli misshandlade vill givetvis också den s.k. HBT-gruppen demonstrera och tala om att de också är fullgångna och högst respektabla individer. Den rätten skall de självfallet ha. Det vill jag ivrigt påstå om nu någon fått för sig att jag vill förvägra någon grupp att meddela vad de står för.

Vad jag däremot har en aning svårt att förstå är att denna rättmätiga demonstration skall ske under marknadsgycklets former. På något sätt bär jag på uppfattningen, eller missuppfattningen, att ett seriöst budskap har större chans att bli taget på allvar om det framförs utan åbäkande.

Sällan har jag sett så många skarvar på klipporna och skären runt Torö som denna sommar.

De riktiga Toröborna, d.v.s. de som härstammar från de gamla fiskarsläkterna här ute, ogillar skarvarna. Skarvarna vräker i sig mycket fisk. Inte minst fiskyngel ger de sig på. Det hinner därför bli färre fullvuxna fiskar i de vatten som skarvarna betraktar som sina jaktmarker.

Dessutom blir klipporna där skarvarna sitter mestadels helvita av all den spillning som skarvarna släpper ifrån sig. Det är en annan orsak till motviljan mot skarven.

Enligt vad jag lärt mig tillhör skarven de sjöfåglar som inte avsöndrar tillräckligt mycket fett till fjäderdräkten. Därför har skarvarna det krångligt med vatten som kommer upp på vingarna och inte rinner bort av sig självt. Detta är förklaringen till att man ofta kan se skarvarna stå på skären med utbredda vingar, utspridda för torkning. De ser ut som om de ville visa alla hur ståtliga de är, där de står och fjädrar sig på skären. De åbäkar sig, helt enkelt.

En explosion av spöken

I Sveriges Radio funderar och analyserar en grupp kvicka och begåvade personer en gång i veckan de trender de ständigt tycker sig upptäcka i samhället i ett underhållningsprogram där det dras komiska slutsatser av vad som sig i samhället tilldrager. Gruppen kallar sig för Spanarna. I veckan som gick diskuterade spanarna åldrandet. Utgångspunkten var bl.a. att spanarna lagt märke till att ett stort antal människor som föddes på 30- och 40-talet nu börjar ge ut sina memoarer. Kerstin Thorvall är en av de många, som i en nyutgiven bok ältar åldrandets problem.

Ungdomskulten är över, menar spanarna. Detta kommer – enligt spanargruppen – att åstadkomma långtgående förändringar på samhället. Reklam, litteratur, skönhetsideal, musik och mycket annat kommer att följa helt nya spår.

Kerstin Thorvall berättar mest om allmän skröplighet, rynkor och ensamhet i sin bok. Mindre om gångna kärleksäventyr och erotiska utsvävningar. Så kommer det att bli i fortsättningen, tror spanarna. I reklamen kommer vi att pumpas med mindre nya bilmärken, mini-baddräkter och stringtrosor och mer om de senaste modellerna av rullatorer, varma nattskjortor och outslitliga téserviser. Folk kommer att leva längre. En annan konsekvens blir, att när den tid kommer då alla 30- och 40-talister så småningom avlider kommer vi att få en explosion av spöken.

Sladdlös rikedom

Det påstås, att det går att gradera ländernas rikedom på basis av hur många telefoner respektive land har per invånare. Enligt den mättekniken har Sverige länge platsat som ett av de förmögnaste länderna i världen. Pyttsan! Där fick ni något att bita i.

Nu, när varenda tonåring har en mobiltelefon i handen så snart han eller hon kan ta sig fram på egen hand, förmodar jag att Sverige intagit den absoluta topplatsen bland rika länder. Många tvekar om detta är någonting som Moder Svea egentligen har skäl att yvas över?

Idag vandrade jag Västerlånggatan fram i Gamla Stan. De flesta på gatan, och det var många som var ute och traskade, talade i telefon. Vandrar man bara stilla och lugnt är det mycket man får höra mellan Järntorget och Riksbron. Elsa meddelade sin Kalle, där hemma, att han omedelbart borde sätta på potatisen. Elsa såg inte direkt utsvulten ut där hon gick, men rösten talade ett bestämt språk, som inte öppnade för några alternativ. Det stod helt klart att Kalle skulle ha allting framsatt så snart hon anlände. Om jag vore Kalle skulle jag lyda.

En ung flicka berättade för sin kompis, i andra ändan av telefonen, att hon var nästan bergsäker på, att någon, som hette Arne, var kär i henne. Från andra telefonerare gick intimiteterna betydligt längre. I själva verket så långt, att min känsla för vad som är passande förbjuder mig att vidarebefordra detaljerna.

Det är ingalunda ointressant att lyssna på en del av de konversationer man mer eller mindre ofrånkomligt tvingas att åhöra. På något sätt blir man, vare sig man vill det eller inte, inblandad i sina medmänniskors liv. Innan jag vant mig vid allt talande runt omkring mig, trodde jag för några sekunder att folk vände sig till mig med sina kommentarer och frågor. Många av de telefonerande går, som alla moderna människor vet, inte lägre omkring med lurar i sina händer. De talar rätt ut i luften. Många gånger också med ljudligt höga röster. Erfarenheten har numera lärt mig att de har små högtalarknappar i bröstfickan eller någon annan stans.

När jag härförleden, innan jag kände till det här med knappar, började besvara en person som vandrade vid min sida, och som oupphörligt kastade ur sig diverse frågor, uppstod en något bisarr situation, när jag började besvara de frågor han ropade ut. Vederbörande stannade upp och tittade på mig, som om jag vore en marsmänniska eller möjligen en till huvudstaden nyss inflyttad stugsittare från de inre delarna av Härjedalen. Så småningom förstod vi dock båda två att den tekniska utvecklingen drabbar människor i olika takt. I mitt fall något långsammare. Vi skildes under ömsesidig hedersbetygelse. Han fortsatte sin vandring och återupptåg utkastandet av frågor. Jag hoppas han fick de svar han var ute efter.

Pressfrihet och smaklöshet

Pressfrihet är en av demokratins hörnstenar. Rätten att få framföra sin åsikt måste värnas i alla väder. "Även om jag ogillar din uppfattning kommer jag att strida till döds för att hävda din rätt att framföra den." Det var Voltaire som en gång formulerade kravet på yttrandefrihet på detta sätt.

I diktaturer förhindras ofta det fria ordet att höras. Exemplen är många såväl från gångna tiders dramatiska epoker som från våra dagars ibland banala händelser. Modiga människor har under historiens lopp trotsat diktaturens mörkmän och givit uttryck för sina åsikter även om deras trots ibland orsakat dem förföljelse eller fängelse. En del tappra journalister i Zimbawbe blir fortfarande hellre torterade än tiger om vad de upplever av orättvisor och grymhet. Under Hitlers fruktade dagar fortsatte Karl Gerhard att sjunga om "Den ökända hästen från Troja", trots de trakasserier han utsattes för och efter det att poliser barrikerade Folkan, där han sjöng om Sveriges undfallenhet gentemot nazismen.

Pressfrihet kontra smaklöshet
Innebär pressfrihet att allting får skrivas? Finns det inga som helst tabun? Eller bör det finnas tabun? Bör aktningen för Gud, regeringen, kungen, skattefogden eller någon annan överhet kräva vissa tabun? Existerar inga gränser? Bör det finnas en del gränser?

117

Bör mänskliga hänsyn tas eller skall sådana i pressfrihetens namn negligeras? Kräver den högt värderade yttrandefriheten att platt ingenting får ifrågasättas, vad gäller rätten att publicera det skrivna ordet? Är det till och med såväl odemokratiskt som tarvligt att ifrågasätta vissa former av yttrandefrihet?

Ibland — och kanske till och med ganska ofta – tycker jag mig få belägg för att en del människor är av den uppfattningen att så gott som allt skall tolereras. Yttrandefriheten är helig. Gud hjälpe de mörkmän som ens vågar knysta om att media i något fall gått för långt. Än mindre anses det i vissa läger opportunt att kritisera de redaktörer eller journalister som gjort sig skyldiga till diverse skriverier.

Att anmäla nyskrivna böcker

Linda Skugge heter en journalist i en av Sveriges afton-tidningar. Hon sysslar bland annat med att anmäla nyutgiven litteratur. För en tid sedan gav hon sig i kast med att anmäla en bok av författaren Björn Ranelid. Hennes rescension väckte stor debatt, på vissa håll såväl förbittring som ursinne. Författaren Ranelid framträdde på åtskilliga arenor och meddelade att han var fly förbannad, samt att han ansåg Linda Skugges rescension vara djupt kränkande och totalt lögnaktig.

Linda Skugge hade i sin anmälan ägnat större interesse åt att beskriva Ranelids yttre än att betygsätta hans alster. Sålunda berättade Linda Skugge i sin bokanmälan att hon någon gång mött Björn Ranelid och att han då hade uppträtt med glänsade läppar och rakade armar och ben. Hon påtalade också att hans skriverier appellerade till äldre damers erotiska fantasier.

När recensionen publicerades svartnade det för ögonen på Ranelid. Han blev helilsken och meddelade att han övervägde att stämma såväl rescensenten Linda Skugge som tidningen där anmälan framförts.

"Så här får en bok inte anmälas", menade Björn Ranelid. "Mitt utseende har ingenting med kvaliteten av min bok att göra". Han fortsatte: "Dessutom är även kritiken av mitt utseende felaktigt. Jag vet inte ens hur det går till att glänsa några läppar. Ej heller skulle det falla mig in att raka mina armar och ben".

Såväl Linda Skugge som tidningen tillbakavisade Ranelids anklagelser. Pressfriheten får inte ifrågasättas. En författare måste finna sig i att bli skärskådad från olika vinklar. Publicitetsklubben blandades in i rabaldret. Jan Guillou framförde, som alltid, sin uppfattning. TV analyserade projektet ut och in. Några kommentarer eller omdömen om bokens kvalitet hördes sällan av.

Nästan hysteriska dimensioner

Denna banala debatt om en bokanmälan gav under några veckor upphov till aktiviteter av enorma proportioner i svenska media. Eftersom den i grunden ifrågasatte pressens heliga rätt att skriva vad pressen anses skall skrivas eller ej skrivas, tände den flammande eldar. För några veckor glömdes eller förminskades andra och mer omskakande nyheter. Information om WTO-möten, EU-rapporter och Irak-kriser, eller andra för mänskligheten viktiga händelser, fick vika på foten medan debatten om Björn Ranelids eventuellt glänsade läppar pågick som hetast. Den som tafsar på yttrandefriheten går omkring med en bensindunk och tändsticks-askar i fickorna.

Björn Ranelid gjorde som väntat inte allvar av att stämma varken tidningen eller journalisten.

Trots sin vrede var han klok nog att förstå att han aldrig i livet skulle ha en chans att vinna ett mål, i vilket han ville inskränka pressfriheten. Förmodlighen kommer det inte att dröja så länge förrän hela denna i grunden skäligen obetydliga händelse är bort-glömd.

Med sannolikhet hade Voltaire större och viktigare saker i tankarna än sådana som faller under rubriken smaklöshet när han värnade om yttrandefriheten. Vore det inte befriande om de många som idag i alla väder värnar om pressfriheten, vore villiga att ta avstånd från sådant som enbart är smaklöst? Jag beundrar de pressfrihetens apostlar, som inte låter sitt patos för yttrandefrihet föra dem ut på sådana villovägar att de bejakar allt som skrivs.

BEMAN-04

Sinkaburum eller vård

Relationerna mellan brott och straff har alltid engagerat, för att inte säga fascinerat, de flesta – förnuftsmässigt såväl som känslomässigt. Det finns många aspekter att väga in. Eftersom inte alla människor kan betraktas som Guds änglar måste det finnas institutioner som vaktar oss.

Samhället i stort har behov av att skydda sig mot brottslingar.

Staten själv måste skydda sig mot särskilt skumma personer. I statens ögon är dom som ägnar sig åt omstörtande verksamhet skummast av alla. De må vara terrorister eller allmänna anarkister. Dylika figurer är så förbittrade på styrelseskicket att de vill spränga hela samhället med alla dess institutioner och myndigheter i bitar. För att staten skall kunna överleva måste personer som ägnar sig åt omstörtande verksamhet fångas in och bestraffas.

Även samhällets olika medlemmar – de må vara företag, organisationer eller enskilda individer – har som vi vet behov av skydd i olika sammanhang och vid skilda tillfällen. Banker och andra inrättningar, där det finns slantar att stjäla, kräver skydd mot dynamitarder och kassaskåpssprängare. Kvinnor bör kunna vandra hem på kvällarna utan risk för våldtäkt. Barn bör skyddas från otillbörlig aga eller andra former av övergrepp av föräldrar eller utomstående. Butiksinnehavare måste skyddas mot snattare

– även mot sådana som knycker så banala saker som en chokladkaka. Trafikanter kräver skydd mot fartdårar. Stadsbor skall inte behöva finna sig i att vandra på gator med nedklottrade husväggar eller bli antastade av oförskämda busar. Varianterna av brott är tyvärr oräkneliga. En del brott kan möjligtvis betraktas som ringa, medan andra kan ta sig vådliga proportioner.

Ett bra samhälle är enligt detta betraktelsesätt ett samhälle där i varje fall de grundläggande dygderna respekteras. I ett samhälle baserat på lag och ordning skall alla kunna leva utan att bli skjutna, berövade sina ägodelar, våldtagna eller allmänt trakasserade. Så långt är de flesta laglydiga och fridsamma människor överens.

Det ställer sig svårare att bli sams om tagen vad gäller frågan om hur olika brott skall bestraffas. I riktigt hårdföra länder hugger man händerna av den som stjäl. Det är ett grymt sätt att bestraffa en tjuv även om det kan sägas vara ytterst effektivt. Högförräderi anser vissa länder skall leda till hängning. Den som utövat otukt skall brännas på bål. I varje fall om det är en kvinna som ägnat sig åt otukten. Ordningens upprätthållare i många av dessa länder är säreget nog betydligt mer toleranta mot män. Vid banala snatterier låter man sig nöja med spöstraff.

I Sverige anser vi oss ofta mer upplysta än vad folk i flertalet andra länder är. Många svenskar vill därför helt enkelt inte tala om att utmäta straff. Man vinner ingenting på att spärra in folk i fängelser. Att sitta inlåst hjälper ingen stackars sate att bli en bättre människa. Så resonerar liberalt sinnade medborgare. Den som begår någonting olagligt måste istället få någon form av vård. Han eller hon kanske bara har kommit på kant med samhället och förstår inte till fullo de lagar som gäller. I så fall bör han tas om hand och informeras om vad som är rätt och vad som är fel. Eller han kanske var så djupt deprimerad vid brottstillfället att han är i behov av psykiatrisk vård.

Debatten om brott och straff har blossat upp på allvar den senaste tiden. Två rättegångar har väckt särskilt starka känslor till liv. Båda rättegångarna gäller mord.

För mordet på förre utrikesministern Anna Lindh dömdes en person av tingsrätten till livstids fängelse, d.v.s. högsta tänkbara straff. Innan det straffet utmättes hade förövaren, som också medgav att han utfört dådet, genomgått psykiatrisk undersökning. Eftersom denna undersökning konstaterade att förövaren inte led av psykisk sjukdom blev domen således fängelse och ej psykiatrisk vård.

Nu har målet överklagats och skall behandlas av hovrätten. I samband härmed har Socialstyrelsens rättsliga råd med sin psykiatriska expertis kommit till motsatt uppfattning och konstaterat att den fängslade är i stort behov av sådan vård. Om den uppfattningen kommer att vägleda hovrätten kommer förövaren sannolikt att flyttas från fängelse till någon psykiatrisk klinik. Straffet blir ett annat.

Det andra fallet avser det s.k. Knutbymordet. En ung kvinna tog livet av två personer genom att skjuta dem. Hon har också erkänt. Någon dom har ännu inte fallit. De psykiatriker som undersökt henne har även ledes mycket skilda uppfattningar om hennes psykiska tillstånd.

Ingen vet ännu om hon kommer att få framleva sina dagar i en fängelsecell eller på en klinik.

Ofta leder de vetenskapliga bedömningar som görs till motstridiga resultat. De grundläggande frågorna kvarstår. Bör brottslingar spärras in på det att andra laglydiga människor skall kunna leva sina trygga liv? Kommer en människa som gjort något galet att bli en bättre individ om hon isoleras och får begrunda sina illgärningar?

Skall straff någonsin utmätas? Eller är vård och behandling den rätta vägen att ta hand om brottslingar? Det finns uppenbarligen gråzoner mellan vad som är normalt och onormalt. Den ene experten tycker på ett sätt och den andre på ett annat.

På gården Bro där jag växte upp fanns en mycket jordnära lagårdskarl som hette Albin. Han uttalade sin enkla filosofi om brott och straff på ungefär detta sätt: "um en karl ger sej te å slå ihjäl en ann eller håller på me tjyveri´ då e´ han galen i huvet. En sån ska in i sinkaburen tess han lärt sej o bete sig som en männska".

I Albins värld behövdes ingen plats för sofistikerade undersökningar.

Vem dömer?

Det brutala mordet på Anna Lindh väckte en förstämning, vrede och landssorg som var enorm. Omfattande blomsterhälsningar framför UD, NK och andra byggnader runt om i Stockholm vittnade om den djupa sorg många kände. Hundratusentals människor köade på olika håll i landet för att få skriva sina namn på kondoleanslistor. Sveriges Radio och TV ägnade i princip hela programtiden från morgon till kväll åt rapporter om mordet och hyllningar åt Anna Lindh. I skolor, på regementen, i föreläsningslokaler och på samlingsplatser runtom hölls tysta minuter för Anna Lindh. Sverige stod för några dagar totalt och apatiskt still i vrede och sorg.

Många frågade sig också, hur ett blodigt mord med en enkel morakniv över huvud taget kunde äga rum i ett av Stockholms mest besökta varuhus. I ett varuhus i stadens centrum, med bevakningskameror och folk i vartenda hörn. Självfallet sattes en hel poliskår in i jakten på förövaren. Jakten ledde, som vi nu vet, efter några dagar till att en man greps och sattes i häkte som "skäligen misstänkt".

I Sverige såväl som i många andra länder gäller, som vi också känner till, principen att ingen kan betraktas som skyldig till ett brott innan han eller hon i en rättslig prövning blivit funnen skyldig och dömd. Den principen håller de flesta med om. Dock är det inte så enkelt som det låter.

Uppbragta människor runt om i landet var helt naturligt angelägna att få veta vem förövaren var. Sveriges utrikesminister, tillika en av många mycket respekterad för att inte säga älskad person, hade blivit brutalt mördad. Det svenska folket följde därför intensivt varje steg polisen tog. I sina rapporter yppade den förtegna polisen i stort sett inte mer än att den som gripits var 35 år, skäligen misstänkt och liknade den man som fastnat på bevakningskamerorna. Polisen höll sig professionellt till regeln, "ingen skall dömas förrän funnen skyldig".

Men mediafolket, som är vana att spåra säljande nyheter åt en hungrig läsekrets, satte givetvis igång sökandet. Inte minst aftontidningarna berättade i sina extranummer den ena detaljen efter den andra. Smaskiga nyheter om den anhållnes skoltid. Diverse brott 35 åringen redan hunnit med under sin levnad. Familjeförhållanden, skolbetyg, umgängesvanor, faderns dömande läggning, tidigare flickbekanta, intelligens och mycket, mycket mer. Även om – mig veterligt – 35 åringens namn aldrig trycktes ut, var det helt möjligt för många att identifiera honom. Det kan alltså med skäl påstås att han av många inom media dömdes utan rättegång.

Nu när detta skrives, d.v.s den 25 september 2003, har 35 åringen släppts ur sitt häkte. Han är helt avförd från vidare utredning. En ny person har häktats. Denna gång en 25 åring. I de rapporter som nu kommit ut från polisen, anges förhållanden som tycks innehålla starkare skäl för att man hittat en eventuell förövare. DNA och andra tekniska tester påstås kunna binda den nu anhållne vid mordet. Fortsatt utredning jämte rättegång kommer förhoppningsfullt att ge klarhet.

Hela denna sorgliga process väcker debatt. Lika självklart som det är att allt skall göras för att ett mord skall klaras upp, är det också att människor vill veta vad polisen håller på med, vilka framsteg de kommer fram till och på vilket sätt allmänheten kan delta genom att berätta om iakttagna observationer etc. Därför kanske det är förståeligt att pressen engagerar sig på det sätt som skett i detta fall.

Mot detta står kravet att ingen människa skall behöva känna

sig utlämnad. Risken är givetvis stor att den som analyserats in på bara kroppen som trolig mördare i pressen får det svårt – i vissa fall omöjligt – att anpassa sig tillbaka i samhället, återvända till tidigare vänner osv. Stämpeln har redan blivit satt. Balansgången mellan att ta hänsyn till den enskilde individens integritet och pressens iver att redovisa alla detaljer som möjligtvis kan leda till att brott klaras upp är självfallet understundom mycket svår.

Utan att på något sätt vilja ropa på allmän censur är det dock min uppfattning att pressen borde avhålla sig från en stor del av sina närgångna reportage. Att det finns nyfikenhet för brottet får medierna inte ta till intäkt för att vända ut och in på en persons liv. En del av de uppgifter tidningarna kommit med har vid närmare granskning visat sig vara påhittade och insinuanta.

Att publicera bilder på den anhållne mammans hus lär knappast ha bidragit till brottets lösning. Inte heller uppgifter om sexuell läggning och relation till föräldrarna har någonting med mordet att göra. Däremot bidrar säkerligen många av sådana skriverier till att det blir än svårare för den anhållne att som frikänd återvända till sitt tidigare liv och återuppta kontakterna med forna så kallade vänner, som sålt högst privata skildringar om honom till media.

Journalistförbundets ordförande, Agneta Lindblom Hulthén, lägger ett stort ansvar på mediernas ledare. Det är så lätt att drabbas av blindhet, när det blir en så här stor nyhet. Då är det viktigt att det finns rutinerade människor på redaktionerna, som kan säga: "Vänta lite nu. Vet vi verkligen det här? Och är det relevant?"

Kulturminister Marita Ulvskog menade i ett TV program, att det inte räcker med att hyggliga redaktörer känner sitt ansvar. Det enda som hjälper mot massmediala exploateringar är pengar, hävdade hon., d.v.s. bitande bötesstraff.

Höga skadeståndskrav lär också komma som ett brev på posten.

Definitioner

Bill Clinton var en föregångsman på flera plan. Vad gäller definitioner var han en veritabel ekvilibrist. Hans så kallade affärer slutade ofta i definitioner. När han pressades på om han någon gång rökt maruijana svarade han ett svagt nej. Med tillägget "I did not inhale". Han höll sig benhårt till definitionen att om man inte dragit halsbloss så har man inte rökt. Det gick vägen, som man säger.

Bland andra odödliga maximer som han myntade minns vi, "I never had sex with that woman". I det fallet fick han det lite krångligare med att i detalj specificera vad han menade med sex. Kanske därför gick det inte hem lika galant.

Definitioner har också spelat en stor roll i några upp-märksammade rättsfall i Sverige denna höst. I ett mål blev självaste justitieministern inblandad och avtvingad att prestera egna definitioner. Rättsfallet innehöll i stort sett följande ingredienser:

Tre män hade efter en kväll med övermått av sus och dus förgripit sig på en kvinna. Kvinnan var enligt uppgift vid tillfället starkt berusad – intill medvetslöshet. När kvinnan efter någon tid nyktrat till och kommit till sans ställde hon männen till svars för våldtäkt inför domstol. I rätten vägrade männen. Någon våldtäkt hade ej förekommit, menade de. Istället ansåg de att kvinnan, som enligt deras uppfattning hade rykte om sig att vara en aning vidlyftig i erotiska sammanhang, inte gjort något motstånd. De tolkade detta som om hon var med på noterna och samtyckte till samlag.

Rätten, som tydligen fann männens förklaringar trovärda, frikände männen. Detta domslut ledde till offentliga ramaskrin. Många fann det stridande mot all rättvisa, att en domstol kunde frikänna män som våldtagit en av berusning så gott som medvetslös kvinna.

Och nu kommer definitionerna in. Vad är våldtäkt? Måste våld nödvändigtvis förekomma? Kan medvetslöshet, och därmed följande brist på motstånd, tolkas som samtycke? Leder inte ett sådant synsätt till brott mot kvinnofriden?

Den allmänna upprördheten över detta domslut tände eld i rättsmaskineriet. Landets domare och nämndemän ställdes till svars. Den juridiska expertisen letar än efter hållbara definitioner över vad som skall menas med våldtäkt. Det råder tydligen luddighet och lagtexterna ger inte tillräcklig vägledning.

"En ny definition behövs", konstaterar justitieminister Thomas Bodström. Den Juridiska Institutionen vid Göteborgs Universitet har grubblat över hur en ny och bättre lagtext skall formuleras. Wanna Svedberg vid institutionen i fråga har kommit fram med följande förslag:

"Den som olovligen utsätter annan för sexuell handling av samlagskaraktär dömes för våldtäkt".

På pappret kanske förslaget låter rimligt. Men frågan kvarstår vem som skall avgöra om någonting skett lovligt eller olovligt, när ord står mot ord och medvetslöshet råder.

Det är inte lätt att vara människa.

Vem ska förpassas till skamvrån?

Många hävdar, att det är religionen, som bär skulden till de hemskaste brotten i vår historia.

I de så kallade religionskrigen har, som vi alla vet, åtskilliga stackars människor fått sätta livet till.

Enligt detta resonemang borde det yttersta ansvaret för vad religionskrigen fört med sig rent logiskt läggas på dem som står bakom dessa religioner. I så fall hamnar kritiken på den kristne Guden, Allah, Budda eller någon av de andra huvudmännen (Om jag nu får använda mig av ett så vanvördigt uttryck). Eftersom dessa gudar betraktas som allsmäktiga borde de enligt rationellt tänkande kunnat avvärja allt elände som krigen orsakat. Eftersom de inte grep in och förhindrade katastroferna så bär de, så vitt jag kan förstå, rent logiskt ett visst ansvar.

Vad jag just nu sagt är naturligtvis rena rappakaljan, menar naturligtvis troende människor från alla religionsuppfattningar. De må vara kristna, muslimer eller buddister. Människorna själva bär ansvaret för de illgärningar de ställer till med. Dessa frågor, om vem som i olika sammanhang bär det yttersta ansvaret, är svåra frågor.

I enklare mänskliga sammanhang ställer det sig ofta lättare för många människor att peka ut vem som skall stå i skamvrån. Under denna sommar har vi fått många exempel på detta.

I England har många pekat ut Sven Goran som boven i dramat. Sven Goran - eftersom han är så berömd räcker det med förnamnen - är, som de flesta vet, såväl svensk som tränare av det engelska landslaget i fotboll. En inte särskit avundsvärd kombination. Det har på sistone gått illa för det engelska fotbollslaget. Givetvis är detta Sven Gorans fel, anser många tabloider. Framför allt eftersom han dessutom varit inblandad i kärleksaffärer, lägger de till för att lägga lök på laxen. Krav på hans avgång har rests.

De frekventa rymmandet av livstidsfångar från svenska och - enligt uppgift - helsäkra fängelser har lett till oro bland alla hederliga svensöner. Hur ligger det egentligen till med rätts-säkerheten? Vem är det som kastar in mobiltelefoner över fängelsemurarna till brottslingarna? Kan man inte ens lita på fängelsevakterna?

Många har utnämnts till syndabockar. Justitieminister Thomas Bodström var naturligtvis en näraliggande kandidat. "Bodström bör ta sitt ansvar och avgå," enades oppositionspartiernas ledare om. Några sökte sig längre ned i organisations-Sverige. "Chefen för kriminalstyrelsen har visat sig inkompetent och bör få foten," ropade andra. Eller kanske det rentav kunde räcka med dem som basar för fängelserna i Hall och Norrtälje? Man kan klättra upp och ner i den byråkratiska hierarkin. Ligger det yttersta ansvaret på statsministern eller kungen?

Det går att hitta många intressanta infallsvinklar. Hittills har, så vitt jag vet, ingen av de ovan nämnda personerna lämnat sina poster. Några sitter dock i skamvrån.

Kriget i Irak

Irak-kriget berör oss alla. Hela skalan av reaktioner kommer i svang. Rädsla och förbannelse. Vi matas med demonstrationer för och emot, debatter för och emot, analyser, rapporter i TV, radio och tidningar. Förståsigpåare gör sig som vanligt hörda och blandar sig i den nästan förvirrade kören av experter och allmänt uppskärrade individer.

Uppenbart är, att det finns oändligt många bitar i allt det som givit upphov till det krig vi nu bevittnar – attentaten den 11 september, Bin Ladin, terrorism, Saddam, Israel, Palestina, olja, arabisk kultur, islam, kapitalism, fattigdom, marknadsvärderingar och religiös fanatism. Det är därför lätt att gå vill bland argumenten, att blanda ihop pusselbitarna och till sist fastna i vånda och förtvivlan.

Om jag för ett ögonblick skulle ge mig på det sånär vansinniga och omöjliga försöket att kartlägga var Sverige, eller i varje fall var många i detta land står i en del av dessa frågor, så tar jag sats och Gud i hågen och påstår följande.

Först och främst är jag förvissad om att så gott som alla är på det klara med att Saddam Hussein är en brutal diktator, som gjort mängder av hemska brott. Han har använt massförstörelsevapen mot såväl fiender som egna, han har torterat miljoner människor, han har kört sitt land i botten medan han byggt skinande palats åt sig själv. Han har i decennier spelat poker med FN och struntat i alla de direktiv han matats med. Jag tror mig därför kunna påstå, att den helt övervägande majoriteten av svenskar som känner till dessa fakta om Saddam, håller med om att han måste förpassas som ledare av Irak. Detta anser folk oberoende av om de politiskt står till höger eller vänster. Om de heter Gudrun Schyman, Göran Persson, Alf Svensson eller något annat.

Det är först när det kommer till frågan *hur* Saddam skall fås att försvinna som meningarna börjar bli skilda och hetsigt diametrala. Med viss försiktighet tror jag dock att det går att urskilja åtminstone tre något tillyxade huvudgrupper:

1. Förespråkarna för icke våld. Här finns framför allt miljöpartisterna. Folk i den gruppen hävdar, att krig i alla sammanhang är av ondo. Krig får helt enkelt aldrig tillåtas. Personer som ansluter sig till dessa tankar är av den bestämda åsikten att det måste gå att lösa konflikter på diplomatiska vägar genom samtal och sanktioner eller med andra i varje enskilt fall till buds stående alternativa icke-vålds åtgärder. Deras återkommande argument är, att krig undantagslöst leder till förstörelse och till att oskyldiga människor drabbas. Just på den punkten har de givetvis rätt. Det inser nog alla människor.

2. Förespråkarna för krig under vissa villkor. Folk i denna grupp menar att vissa krig är befogade. Irak-kriget platsar enligt dessa människor bland de krig som kan anses befogade. Dock hävdar denna grupp också att ett krig endast får påbörjas om det sanktionerats av världssamfundet, d.v.s. av FN. Inget enskilt land bör tillåtas - såvida det inte blivit angripet och måste försvara sig - begynna ett krig mot annat land och därigenom så att säga ta lagen i egna händer. Om länder tillåts att starta krig utan godkännande av världssamfundet leder detta, enligt förespråkarna av denna falang, till anarki. Så vitt håller många med om att det ligger en hel del av sanning i ett sådant synsätt. Socialdemokraterna ansluter sig till denna linje. Så gör i princip Folkpartiet, Centern, Kristdemokraterna och Moderaterna, även om de omger sina ställningstaganden med diverse tillägg och reservationer.

3. Förespråkarna för att det pågående kriget mot Irak är reservationslöst rätt. Förespråkarna inom denna grupp menar att USA och England har fullständigt tillräckliga skäl för att gå till militär attack. De pekar på att FN under åratal visat sig inkapabelt att se till att Irak efterlever FNs egna direktiv. Anhängarna av denna linje hävdar även att det bara inte går och att det t.o.m vore djupt ansvarslöst att bara låta tiden rinna iväg alltmedan Saddam fortsätter sina illdåd. Det är svårt att stå oförstående till en sådan argumentation. Det tycker jag och många med mig.

Såvitt jag vet finns det dock inget politiskt parti, som officiellt anslutit sig till denna linje. Kanske moderater, kristdemokrater och folkpartister står nära denna linje, men de anser nog ändå, att allt vore frid och fröjd om världssamfundet FN tillåtits sanktionera attacken innan den verkställdes. Dock förekommer det åtskilliga tidningskommentarer och enskilda uttalanden, som ger vid handen, att det finns åtskilliga svenskar som har full förståelse för dessa argument och som ställer sig helt bakom omständigheterna som lett fram till det krig som nu pågår.

Självklart ryms det mängder av argument och motargument i den synnerligen komplexa situation som det pågående kriget uppvisar. Inte minst ovanstående enkla analys ger belägg för det.

Hela det krig vi nu upplever har som vi alla är medvetna om tyvärr också givit upphov till splittrade, på gränsen till förbittrade, relationer länder emellan. Skulle det finnas någon termometer, som visar temperaturen på en genomsnittssvensks (om ett sådant djur finns) uppskattning av USA, är jag övertygad om, att temperaturnedgången under den senaste månaden skulle betraktas som djupt oroande. För många i såväl Sverige som i Europa i stort har Amerika tyvärr kommit att framstå som ett land som sätter sig över och högdraget struntar i internationella konventioner, och vars ambition är att hårdhänt visa världen vem som är starkast och störst.

Visserligen finns många, säkerligen de flesta, som vet att allt detta är fel. Att Europa har mängder att tacka Amerika för, att vår värld hade sett mycket bedrövligare ut om inte Amerika gång efter annan offrat såväl pengar som liv för att Europa skulle kunna överleva.

Det sorgliga är, att många har en tendens att låta de dagsaktuella antipatierna skymma det förtroende och den kärlek till Amerika som cementerats under långliga tider.

Det finns anledning för oss alla, även dem som råkar ha olika uppfattningar om dagens problematik, att hålla fast vid de grundläggande värderingar som binder oss samman.

När Sverige var solidariskt

Veckans hetaste debattämne var den skrivning i förslaget till EU-konstitution, tills vidare blockerad efter gårdagens genomklappning i Bryssel, som slår fast att medlemsstaterna är skyldiga att ge varandra hjälp *"med alla till buds stående medel"* i händelse av väpnat angrepp.

"Regeringen ger upp den svenska alliansfriheten", dundrar Lars Ohly, vänsterpartiets blivande ledare.

Och visst kan det se märkligt ut. Å ena sidan är Sverige alliansfritt, vilket utesluter säkerhetsgarantier. Å andra sidan accepterar nu Sverige – låt vara att texten innehåller en brasklapp – att bistå andra EU-länder. Hur går det ihop?

Alldeles utmärkt. För detta har hänt: Ett land med starka kopplingar till Sverige anfölls. Sverige var inte bundet av några alliansförpliktelser och ville inte bli indraget i krig. Ändå ställde Sverige upp – även militärt.

Den 30 november 1939, knappt tre månader efter andra världskrigets utbrott, kastade sig Sovjetunionen över Finland. Vinterkriget, ett krig i kriget, hade börjat. Som skäl angav Moskva att "Finlands demokratiska regering", en samling exilkommunistiska marionetter med Otto Kuusinen i spetsen, önskade ett sovjetiskt ingripande.

I själva verket var överfallet på Finland en följd av Molotov-

Ribbentrop-pakten, som i augusti samma år chockat Europa. Två totalitära bjässar, Sovjetunionen och Nazityskland, hade plötsligt förvandlats från ideologiska dödsfiender till allierade. Stalin fick fria händer i Baltikum och mot Finland; Hitler fick klartecken för den invasion av Polen som tände världsbranden.

Sovjetunionen satte in 26 divisioner, fem pansarbrigader och 1 000 flygplan mot Finland, som kunde skrapa ihop nio divisioner och 75 flygplan.

Finland behövde hjälp. Massor av hjälp. Men en direkt, svensk intervention var utesluten.

Strax före krigsutbrottet hade Finland bett Sverige medverka i försvaret av Åland i enlighet med den så kallade Stockholms-planen, men den svenska regeringen sade nej.

Ett sådant engagemang skulle kunna leda till en konfrontation inte bara med Sovjetunionen, utan kanske även med Tyskland.

Det var inget heroiskt beslut. Men det var klokt. Så vad göra?

Sverige avstod från att förklara sig neutralt i konflikten mellan Sovjetunionen och Finland. Istället definierades den svenska hållningen som "icke-krigförande".

Redan den 1 december, vid ett möte med den social-demokratiska riksdagsgruppen, klargjorde statsminister Per Albin Hansson vad som gällde:

"Vi få se till att hjälpa Finland så långt vi kunna utan att direkt inblanda oss".

Och hjälp blev det – i en omfattning som dagens neutralitets-fostrade svenskar nog har svårt att föreställa sig. En frivilligkår organiserades: 8 260 svenskar reste till Finland. När Vinterkriget tog slut i mars 1940 hade 12 000 anmält sig. Vapen, ammunition och annan materiel hämtades ur svenska förråd. Svenskarna deltog endast i begränsad omfattning i striderna, men deras närvaro underlättade för den finska armén att disponera sina styrkor mer effektivt.

Viss militär betydelse hade dock den frivilliga flygkåren, F19: 260 man, tolv jaktplan och fyra lätta bombplan – *en tredjedel av det svenska flygvapnet* – ställdes till Finlands förfogande och baserades vid Olkkajärvi. Därmed berövades de sovjetiska styrkorna luftherravälde i norr, vilket bidrog till stabilisering av Sallafronten. Det svenska flyget slog ut tolv sovjetiska plan och förlorade sex.

Utöver militärt bistånd fick Finland stora krediter och omfattande varuleveranser.

Folkopinionen i Sverige hyste djup sympati för Finlands ödeskamp: *"Finlands sak är vår!"* Men regeringens linje var inte okontroversiell. Somliga ansåg att Sverige gjorde för litet, andra att Sverige tog för stora risker.

Inrikespolitiskt komplicerades situationen av att Per Albin Hansson bildade samlingsregering ett par veckor efter Vinterkrigets utbrott. Där var det främst högerministrarna Gösta Bagge och Fritiof Domö som stod för en mer aktivistisk linje, ibland understödda av socialdemokraterna Per Edvin Sköld och Gustav Möller.

Folkpartiledaren Gustaf Andersson i Rasjön och den socialdemokratiske finansministern Ernst Wigforss var restriktiva. Per Albin blev den balanserande kraften. Hans linje har beskrivits så här av historikern Alf W Johansson i boken *Per Albin och kriget*:

"Sverige skulle gå till gränsen för vad ett land kan göra utan att direkt dras in i krig. Gränsen kom att gå vid statlig militär intervention". Med undantag för insatser med reguljära, svenska förband gavs alltså Finland hjälp *"med alla till buds stående medel"*.

Neutralitet var aldrig ett alternativ för Sverige under Vinterkriget. Banden med Finland var för starka, Sveriges läge för utsatt. Finland, denna barriär i öster, fick icke falla. Freden blev hård, men tack vare segt och skickligt motstånd – det var sannerligen David mot Goliat – räddade Finland sin självständighet.

Neutralitet är heller inget alternativ om ett EU-land angrips – av ungefär samma skäl. De ekonomiska, politiska och institutionella banden till andra unionsmedlemmar är för starka. Och ett framgångsrikt angrepp på ett EU-land skulle få konsekvenser för Sveriges egen säkerhet. Dessutom har Sverige mönstrat ut neutralitetsbegreppet. Den nya säkerhetsdoktrin som antogs förra året slår fast att Sverige *"är* militärt alliansfritt" medan neutralitetspolitiken förpassas till historien: den *"har* tjänat oss väl".

Ett militärt angrepp på ett EU-land ter sig förvisso osannolikt.

Men förhållanden kan ändras. När Sovjetunionen satte igång kriget mot Finland var det första gången på 75 år som ett nordiskt land angreps av en stormakt. Det osannolika blev verklighet.

Ingen ansvarig politiker i EU säger det öppet, men Ryssland utgör fortfarande ett potentiellt problem. Det var en av faktorerna bakom Finlands beslut att gå med i EU. Och det är förklaringen till att de postkommunistiska länderna i Öst- och Centraleuropa har så bråttom in i både EU och Nato. För vad händer om den ryska reformprocessen havererar och revanschistiska, rödbruna krafter börjar kasta lystna blickar på t ex de baltiska stater som nästa år ansluts till EU?

Kan Sverige vara passivt i så fall? *Vill* Sverige vara passivt om Lettland invaderas?

Den som hävdar att det är fel av Sverige att acceptera solidaritet med andra EU-länder måste rimligen också göra gällande att Sverige gjorde fel under Vinterkriget.

Och mycket riktigt: Ett svenskt parti gav helhjärtat stöd åt det sovjetiska angreppet på Finland – det som Lars Ohly (v) snart tar över.

Katastrofen

Stanna jorden! Jag vill stiga av.

Precis så kan tillvaron ibland uppfattas när någonting obegripligt fasansfullt inträffar. Vi stannar upp i förfäran. För bara någon vecka sedan hände det. En jordbävning i Bengaliska viken. Ett hav som sjönk. En flodvåg av kolossala dimensioner vällde mot land.

Fiskesamhällen utplånades. Nam Khem med 7 000 bybor finns ej mer. Stora huskroppar spolades bort. Vägar utplånades. Träd rycktes upp med rötterna. Bilar och bussar flög bort som tändsticks-askar. Hundratusentals människor dränktes. Helvetet bröt loss.

I ottan den 26 december ringde det i telefonen på Utrikesdepartementet i Stockholm. Ambassadrådet Kaario Laakso på den svenska ambassaden i Bangkok meddelade att någonting fruktansvärt höll på att hända i semesterparadiset Phuket på den Thailändska västkusten.

Ingen anade då storleken på den katastrof som stod för dörren. Tiotusentals svenskar hade i månader planerat att fira jul och njuta sommarvarma vindar och långgrunda stränder med ljumt vatten runt omkring Phukets soliga stränder. Familjer var samlade. Förväntansfulla barn med sandhinkar och mormödrar med solhattar.

Mitt i glädjen hände det. Utan förvarning. Havets enorma vattenmassor vällde in. Folk sprang för livet. Några lyckades klättra upp på sådana hustak som ännu stod kvar. Andra forslades bort ut i havet av vågorna eller dränktes under nerfallna hus.

Det tog tid innan omvärlden började förstå omfattningen av förödelsen. Omedelbara insatser skulle givetvis ha behövts – läkare, sjuksystrar, mediciner, vatten, kläder, mat, informationscentraler, flygplan att transportera sårade och avlidna. Räddningsaktioner kom inte igång på nolltid.

Efter någon dag visste världen vad som hänt. Hemska bilder berättade om förödelsen.

Uppskattningsvis befann sig 20 000 svenskar i området. TV, radio och tidningar fylldes av vedervärdiga skildringar. Döda människor låg i travar på gatorna. Lik forslades till massgravar.

Förtvivlade människor letade för att finna anhöriga, levande eller döda. Det enda bilderna inte kunde förmedla var stanken. Förruttnelsen gick snabbt i den tryckande värmen.

Sorgen lamslog svenska folket. Hos många väcktes vreden över att hjälpen till de nödlidande i svenskarna i Thailand kom för sent. En plågad statsminister deltog ständigt i media.

"Det här är den största katastrofen i vårt lands historia" sa han bl.a.

Han berättade om alla insatser som nu gjordes. Utrikesminister Laila Freivald angreps för senfärdighet. En gripen kung talade med stor värme till de drabbade och deras familjer.

Offerviljan hos den enskilda människan har varit överväldigande. Alla de stora hjälporganisationerna – Röda Korset, Rädda barnen, Radiohjälpen, etc. – har fyllt sina postgirokonton med hundratals miljoner som skall gå till hjälp i Thailand och andra drabbade delar av Asien.

Nyårsaftonfirandena dämpades. Inte så många människor kände för att bränna av fyrverkerier. Istället använde många sina pengar att lägga i alla de insamlingsbössor som fanns över allt på stan.

I stunder av nöd vänder sig många människor till kyrkan. "Gud straffar inte genom naturens nycker eller genom människans ondska. Gud är närvarande när mörkret och smärtan och uppgivenheten är som störst".

Med de orden sökte ärkebiskop K.G. Hammar trösta de många människor som frågar sig varför en allsmäktig gud kan tillåta hemskheter av detta slag att inträffa. Förhoppningsfulla finner en del tröst i de orden.

I samband med katastrofer av detta slag väcks lyckligtvis också många vackra sidor hos människan. Många nöjer sig inte bara med att offra pengar. Runt omkring och var jag än går omkring på stan möter jag personer som hyser och visar varma omtankar om sina medmänniskor. Stora olyckor föder inte bara förtvivlan utan också värme och iver att deltaga i att göra någonting påtagligt gott. Rörande exempel på den typen av attityd har varit särskilt påtagliga i landet under denna tid.

I oss människor existerar dock inte endast ädla instinkter. Även de lägsta brott hämtar näring av olyckstillbud. I tidningarna läser jag att de lägsta av alla tjuvar i dessa svåra dagar håller reda på vilka bostäder som står tomma på grund av att deras invånare farit till Thailand.

Några av dessa stackars hemvändande och olycksdrabbade turister löper därmed risken att komma tillbaka till skövlade hem. Större tarvlighet än så är svårt att föreställa sig.

Nu kommer flygplanen i skytteltrafik tillbaka till Arlanda med hemvändande turister. Ombord på ett av dem finns lilla 11-åriga Emelie Björnson fån Kista. Hon hamnade i en flodvåg men kastades mirakulöst upp på stranden igen.

Det är skönt att tänka på att sådana episoder också inträffar mitt i allt det elände som råder.

Hur mycket elände orkar vi med?

Nu har några veckor passerat sedan den enorma svallvågen dränkte allt i sin väg. Den våldsamma förödelsen och de fruktansvärda personliga tragedierna tog andan av en hel värld.

Vanmakten och förtvivlan tog inte bara sitt struptag om de hundratusentals människor som fanns på plats och rent fysiskt drabbades. Även vi andra som på tusentals mils avstånd bara bevittnade styggelsen överfölls av outsäglig sorg och förskräckelse över hur bräcklig och skör tillvaron är. Och tillsammans är vi som bekant några miljarder.

Under de veckor som gått har tragedierna spelats upp i repris på repris. I varje fall i Sverige.

I varenda nyhetssändning på TV eller i radio från tidigt på morgonen till sent på kvällen repeteras fasansfulla detaljer. Döda kroppar insvepta i plastfodral placeras i rader om fem om fem i massgravar. Kullvälta hus och väldiga fiskebåtar som kastats hundratals meter upp på land. Skrynkliga gubbar och gummor med sorgdränkta ansikten. Barn som springer bland lik på gatorna letande efter sina föräldrar. Hjälparbetare med näs- och munskydd som skydd mot stanken.

Bilderna vi bombarderats med från morgon till kväll har varit och är kväljande. Den som - om blott för en stund - vill värja sig mot sådana bilder och därför söker sig till tidningar möts av samma kompakta informationsprogram.

Huvuddelen av allt innehåll i den svenska dagspressen fortsätter dag ut och dag in att berätta om vedervärdigheterna. Och har så gjort de senaste två veckorna. Andra nyheter har fått hålla till godo med 10% av utrymmet.

Självklart är det viktigt och rentav nödvändigt att informera om fruktansvärda katastrofer. Hjälpinsatser sätts i gång. Miljarder samlas in till de nödlidande och till återuppbyggnad. Barnen i en skolklass i Gränna beslöt att lämna över sina månadspengar till Rädda Barnen, till exempel.

Vi skakas om i vår tillvaro. Vi får upp ögonen för hur illa ställt det är på många platser. Världen kan bli bättre om vi känner ansvar och deltager.

Med risk för att bli missförstådd frågar jag mig dock, hur mycket elände orkar vi med? Och hur länge?

Kanske borde jag vara skamsen. Vi får egentligen aldrig glömma katastrofer. En ädel människa bör kanske i all evinnerlighet känna medlidande och leva med ett ständigt vidöppet samvete.

Trots denna lätta skamsenhet dristar jag mig ändå att påstå att det tycks mig som att svenska nyhetsmedia på sistone frossat i otäckheter. Många nyhetsförmedlare verkar tävla med varandra att presentera uppseendeväckande och tårdrypande bilder och händelser. Eller är det kanske vi informationskonsumenter som aldrig får nog av det nattsvarta? Är det i sista hand bara vi själva som bestämmer vad vi får läsa och se?

En del av den debatt som följt efter katastrofen har handlat om myndigheternas sätt att hantera den. Ungefär så här gick diskussionerna till: Först anklagades myndigheterna för att göra ingenting. Sedan för att de gjorde allting, men på tok för sent.

Nu menar några förståsigpåare att de kanske i alla fall bör göra allting som står i deras makt, från att ordna praktiska detaljer, till att ansvara för övergripande politiska relationer. En märkbart skakad statsminister har efter några dagars av tystnad tagit till sig all kritik och försöker engagera sig i allt. Besvärad över den kritik som riktats mot regeringens senfärdighet deltar han nu i det mesta - alltifrån offentliga förfrågningar i radio, hjälpsändningar av förnödenheter med helikoptrar till närvaro vid Arlanda vid hemkomsten av hemvändande kistor.

Statsministerns helhjärtade engagemang hjälper säkerligen till att återställa en del av det tappade förtroendet. Hans de Geer, professor i företagsetik, är en av dem som i en politisk ledare ifrågasätter regeringens roll i samband med katastrofer.

"Det politiska systemet får inte ta över det byråkratiska och professionella. Det kan inte heller ersätta det civila systemet samhället," menar de Geer.

Det måste finnas andra organisationer och personer som är mer lämpade ta hand om olika uppgifter.

De borgerliga partierna har föreslagit att två tidigare statsministrar, Ingvar Carlsson och Carl Bildt, ges i uppdrag att kritiskt granska hur regeringen hanterat frågorna i samband med katastrofen. Ingvar Carlsson har redan avböjt ett sådant uppdrag med motiveringen att han inte anser det lämpligt att han skulle delta i att granska hur hans vänner och tillika forna kollegor utövar sina uppdrag. Carl Bildt har i skrivande stund inte hunnit ta ställning till frågan.

En framtida utveckling blir troligen att riksdagen finner att händelserna i samband med denna katastrof visar att Sverige nu saknar och därför bör upprätta en väl bemannad larmorganisation som kan rycka ut när internationella olyckor av detta slag inträffar.

Men det är bara en gissning av en som nog fått för mycket av allt elände.

'Friska' vindar

Det blåser på många håll i det svenska samhället.

Att Sverige är en konstitutionell monarki innebär att riket utöver regeringschefen också har en statschef. I Regeringsformens första paragraf, femte kapitel står: "Statschefen hålles av statsministern underrättad om rikets angelägenheter".

Den paragrafen glömde statsministern av allt att döma i hastigheten bort i allt det elände som bröt ut i samband med flodvågen. Hovet fick själv ta initiativ att ringa till Utrikes Departementet för att ta reda på vad som hade hänt. Kungen själv fick nyheten först via TV.

Statsministern kan därmed ha brutit mot grundlagen genom att inte följa regeringsformen och informera kungen om tragedin. Riksdagens konstitutionsutskott skall nu granska statsministerns agerande.

Kungen säger själv att han vill inte peka ut någon och göra någon speciell person ansvarig. Det må ha varit UD eller annan organisation som skulle ha förmedlat budskapet till kungen, men rätt skall vara rätt.

Det är dock inte bara relativt lätta konstitutionella vindar som blåser i Svearnas rike. Sådana vindar når egentligen bara upp till laber bris. Däremot har andra mer påtagliga vindar nått orkanstyrka. Granar och tallar i Mellansverige ramlade som käglor när orkanbyarna satte in i januari.

Ute på Torö satt vi inne framför den sköna brasan och beskådade havet som blåste dramatiskt vitt över kobbar och skär ute på fjärdarna. På radion avråddes folk från att vistas utomhus.

Träd dånade ner över vägarna och telefonstolpar bröts som tändstickor. På järnvägsstationerna stod tågen stilla i dagar.

När vindarna efter en natt, då det tjöt och gnällde i knutarna, nästa morgon bedarrade vågade jag mig ut för att kontrollera hur mycket som fanns kvar kring stugan.

En stupränna hade slitits av och hamnat i periferin. En stor gren på en tall hade brutits av och seglat iväg. Lyckligtvis hade den hamnat precis tvärs över sågkubben - ett vackert tecken på naturens givmildhet mitt i stormens raseri.

Under natten blev det som vanligt när det blåser på Torö: elavbrott. Mörkret lade sig över stugorna. Morgonkaffet kokades i den öppna spisen.

Egendomligt nog smakar sådant kaffe allra bäst.

Nere hos grannen Ulla hade taket på hönshuset lyft i skyn till den inneboende fasantuppens påtagliga förtjusning. Janne, som under sommaren lyckades flytta sin skrangliga kåk från ett relativt skyddat ställe till längre ut på udden, kunde andas ut och konstatera att huset stod kvar på den plats dit han manövrerat det.

Orkanbyar i januari föraktas inte helt och hållet av skärgårdsborna. Den numera bortgångne fiskaren Gustaf kunde berätta om flera givande räddningar han varit om då vindarna nådde över 30 m/sek.

Lastfartyg från Tyskland och Holland gick ofta på grund i ovädret. Gustaf fick god och värdefull belöning för hjälpen att dra loss fartygen. Gustaf påminde sig gärna den trestjärniga konjak han kom hemförande med och därigenom kunde avnjuta till långt fram på försommaren.

Räddningsexpeditioner av det slaget blir alltmer sällsynta. Radar och andra förnämliga navigationsinstrument förhindrar möjligheterna att skaffa sig goda drycker på samma sätt som Gustaf en gång kunde göra.

Tomas, en av Gustafs sonsöner, ges andra möjligheter.

Det är inte så många bryggor som klarar av ett upprört hav. Längs utmed kusten behövs folk som kan tillverka nya stenkistor, förtöjningar och badstegar. Tomas är förmodligen fulltecknad till långt fram på sommaren.

En annan av våra vänner här ute är Pålle. Han kanske får ligga i selen mer än någon annan när orkanerna drar fram över ön. Pålle är nämligen elektriker.

När det svartnar i kåkarna och när el- stolparna lägger sig till ro huller om buller blir det Pålle som får gripa in. Eftersom ingen vill vara utan ström alltför länge blir det också alltid bråttom med hjälpen.

Det gäller att ta på stövlar och trassla sig fram genom skogen. Dessutom måste ficklamporna fram. Långt inpå nätterna pågår uppröjningen och återställandet av kablar och ledningar.

Stolpskott

Det är förargligt att skjuta stolpskott. När man egentligen har ambitionen att tjusa omgivningen med att prestera ett skott som går spikrakt in i mål är det trist att konstatera att bollen istället träffade stolpen och kom emot en själv som skjuten av en kanon. Det är tyvärr inte bara fotbollsspelare som råkar ut för sådana fadäser. Vi har nog alla lite till mans upplevt dylika försmädelser.

En som vid det här laget fått en viss vana i konsten att skjuta stolpskott är Marita Ulvskog. Marita Ulvskog är som vi vet socialdemokraternas talesman eller översteprästinna. För någon tid sedan avfyrade hon en praktboll.

I samband med den stora katastrof som drabbade Sydostasien och medförde sorg och bedrövelse världen över samlades människor i stora skaror för att begrunda vad som hänt, förmedla sina sympatier med alla drabbade och deltaga i sorgen. En av dem som deltog var Sveriges kung. Han höll ett personligt och djupt engagerat anförande. Han framhöll även nödvändigheten av att vi alla vid katastrofer av detta slag agerar och tar ansvar utan fördröjning.

Enligt Marita Ulvskog får egentligen inte kungen uttrycka sig över huvud taget. I varje fall får han inte prata om "att agera och ta ansvar utan fördröjning" eftersom allt sådant prat – hemska tanke – kan uppfattas som om han lägger sig i och kritiserar regeringens handlande.

Den stora del av svenska folket som lyssnade till kungen fann hans tal varmt och mänskligt.

Om Ulvskog med sitt angrepp mot kungen avsåg att ge honom och kungadömet på tafsen blev hennes angrepp ett rejält stolpskott. Sällan har kungen och kungadömet mötts av sådan popularitet som efter Marita Ulvskogs angrepp. Förmodligen hoppas hovet att hon nu fortsätter att framföra sina synpunkter.

Inom näringslivet förekommer då och då också en del fina stolpskott. Den kanske djärvaste praktbollen jag just nu kommer ihåg levererades på Skandias bolagsstämma 2003. Som den minnesgode läsaren säkert erinrar sig var det just det året som Skandia ertappades med byxorna nere. Då redovisades bonusar och fallskärmar i sådana miljardbelopp som fick även de mest härdade mammon-älskarna att svindla. "Så här kan det inte få fortsatta. Miljarderna rullar bara bort," kommenterade skrämda bolagsstämmomedlemmar. Då reste sig Lars-Erik Pettersson, bolagets dåvarande VD upp och deklarerade att han var villig att fortsätta som VD med en lön reducerad till en krona. Det trodde han troligen var en praktboll som skulle gå i mål. Effekten blev dock den motsatta. Han fick både omedelbart sparken och efter-räkningar av de blodigaste slag. Tala om stolpskott!

Under min tid vid gruvbolaget Lamco i Liberia inträffade många stolpskott. Var fjortonde fredag delades avlöning ut till alla anställda.

De flesta anställda var givetvis liberianer Lönerna delades ut i kuvert. Pengarna flögs upp i små tvåmotoriga flygplan från banken i Monrovia. Så snart flygplanen anlände till Yekepa, gruvstaden, arbetade två kassörer natten i ända med att sortera in pengarna i de kuvert som under morgondagen skulle delas ut till fyratusen ivrigt väntande gruvarbetare. Kassörerna arbetade i ett stort rum i vilket fanns två kassaskåp. I det ena kassaskåpet förvarades pengarna. I det andra fanns de avlöningskuvert in i vilka pengarna skulle sorteras. Under en sådan avlöningssorterande natt fick jag besked om att beväpnade män hade överfallit kassören , tagit kassaskåpet och försvunnit. Paniken lurade intill dess vi upptäckte att rånarna av misstag fått med sig fel kassaskåp. De hade åkt iväg med det kassaskåp som endast innehöll de tomma kuverten, medan kassaskåpet med pengarna fanns kvar. Jag har svårt att tänka mig några rånare som skjutit mera olönsamma stolpskott än de som trodde att de hämtat den samlade avlöningen till 4 000 arbetare men istället kom undan med 4 000 kuvert.

Däremot var glädjen stor bland de på avlöning väntande arbetarna när det uppdagades att de som blivit snuvade var rånarna.

Mao Zedong, vänster och 18 000 långkalsonger

När jag var en liten pojke berättade min kloka mor att det föddes tusentals kineser varje gång jag blinkade.

Jag minns att jag försökte räkna ut hur många kineser som skulle komma till världen, om jag ägnade mig åt att blinka en hel dag. Jag hissnade vid blotta tanken och slutade att blinka efter några minuter. Efter att ha läst dagens svenska tidningar har jag inhämtat mer fakta om nativiteten i det stora landet Kina.

Mao Zedong, som var en principfast strateg, ansåg att hela världen skulle bli bättre och hans älskade Kina mäktigare om och i takt med att det föddes fler kineser. Tanken är intressant, även om jag tvivlar på att den är sann.

Mao, som emellertid trodde benhårt på sin egen tes, deklarerade därför att enligt hans bestämda uppfattning borde varje kineskvinna föda minst sex barn. Några begåvade statistiker har räknat ut att det idag i Kina skulle finnas 2,5 miljarder kineser om befolkningen i Maos land som lydiga medborgare lytt hans direktiv.

Nya ledare betyder ofta nya direktiv. Det får vi nästan dagligen erfara. De nya ledare som kom efter Mao började ana oråd. Det skulle helt enkelt barka åt fanders om Maos idéer om nativitet blev gällande. Därför ändrades reglerna på 80-talet. Nya bestämmelser kungjordes om att från och med nu fick det vara nog och kunde räcka mer än väl om varje kinesiska födde *ett* barn.

Som följd av ändrade förhållningsorder har nya problem uppstått. Om man ändrar folks naturliga sätt att leva och istället ger direktiv hur de skall bete sig, leder detta nästan alltid till andra oväntade konsekvenser.

Att begränsa nativiteten till ett barn per kvinna har nu visat sig vara mindre lyckat. Ålderspyramiden ser eländig ut. Eftersom kineserna är ett lydigt folk föddes det färre barn under den tid då regeln om en baby per kvinna gällde.

Nu kan man konstatera att det om cirka trettio år kommer att bli färre yrkesarbetande som får dra försorg om den växande skaran av kinesiska pensionärer. Detta kommer att bli en tung börda. Därför måste begränsningen om ett barn per kvinna försvinna.

Kanske rentav min gamla mammas utsago, om vad som händer varje gång man blinkar, kommer till heders igen.

Svensk media beskylls ofta för att vara vänstervriden. Min personliga uppfattning är att det ligger en hel del i sådana beskyllningar. Någonstans har jag sett en redovisning över vilka politiska partier de personer som utexamineras från Journalist-högskolan anser sig stå närmast. I den redovisningen fick man leta länge efter konservativa sympatisörer. Detta kan vara en del av förklaringen.

Sveriges radio och TV skall enligt gällande direktiv förmedla nyheter och kommentera händelse utan inblandning av vare sig privata åsikter eller känslor.

I Sveriges radio förekommer ett program som heter Konflikt och som leds av reportern Cecilia Uddén. Hon överskred radions direktiv om opartiskhet när hon i ett program som rörde president-valet i Amerika deklarerade sina sympatier för John Kerry.

Som följd av sitt uttalande blev Uddén avstängd, eller som det uttrycktes, "satt i karantän", och förhindrad från att delta i program gällande presidentvalet. Hon har sedermera beklagat sina "naiva och omogna uttalanden".

Hela den här episoden har många aspekter. Självklart är det en reporters uppgift att redovisa fakta. Det är läsarens eller åhörarens uppgift - och ingen annans - att på basis av dessa fakta ta ställning och fatta beslut. Därför var det givetvis rätt att Cecilia Uddén i sin roll av programledare för ett statsägt radioföretag skulle tillrättavisas.

Detta får dock inte betyda att all rapportering skall vara neutral, snäll och välkammad. Det måste vara kryddat av eget tänkande. Herbert Tingsten framförde på sin tid som chefredaktör i *Dagens Nyheter* många härliga, kontroversiella åsikter.

Det är viktigt att dra gränserna. En programledare i ett statligt ägt informationsmedium måste lägga band på sina egna personliga åsikter. I övrigt bör media helst fyllas av färgstarka röster från skilda läger. Först då blir tillvaron nyansrik och intressant.

Min vän Len Henriksson har informerat mig om en mycket betydelsefull händelse. Len, som en gång för mycket länge sedan föddes i Sverige, bor sedan decennier i Amerika. Han följer dock med intresse alla säregna och udda ting som tilldrager sig i hans gamla hemland. För gammal vänskaps skull informerar han mig om sina iakttagelser.

Nyligen lyckades Len fånga upp att det svenska försvaret, som bantar allt vad regementen heter, är i färd med att sälja 18 000 långkalsonger. Finns det inga bassar längre behövs det givetvis inte heller några värmande långkalsonger för huttrande rekryter.

Len meddelade dock aldrig om han inför vintern i Connecticut besökt Sverige för att deltaga i försvarets realisation av dessa benkläder.

Kelgrisar

Det är få förunnat att bli en kelgris. Att bli populär ligger snäppet under. Populär kan den bli som gör någonting bra vid ett visst tillfälle eller vid flera tillfällen. Gunder Hägg blev populär. Han sprang fort och hälsade hem till mamma och pappa i Albacken i Jämtland efter varje seger. Kapp-Ahl blev populär när han sålde kappor billigare än de flesta. Karl Gerhard vann mångas varma gillande när han elegant gisslade överheten. Historien är full av populära personer som blivit populära av de mest skiftande anledningar. Ibland kan det vara riktigt nöjsamt att tänka tillbaka och erinra sig de personer som gått till historien som populära. Och påminna sig varför.

Att bli kelgris är som sagt ännu finare. Då finns inte bara högaktning och respekt över uppnådda prestationer med i bilden. För att nå kelgrisstadiet krävs mer. Värme eller snudd på kärlek. Under årens lopp har svenska folket - om jag nu får dra till ordentligt - utnämnt en del personer till kelgrisar.

Sven Olof Sandberg var i varje fall en kelgris bland alla svenska mödrar den gång för länge sedan då han sjöng sina smekande sånger till mor. Alice Babs utnämndes till kelgris så snart hon tog ton med "Swing it magistern". Hon förblev kelgris även sedan hon övergått till allvarligare reportuarer. Tage Erlander var på god väg att bli en folkets kelgris när han drog sina värmlandshistorier. Det är rentav frestande att radda upp namnen på alla dem som nått fram till hjärterötterna. Lennart Hyland, Povel Ramel och många fler.

Även i dagens Sverige finns det kelgrisar. Fotbollsspelaren Zlatan hamnade bums in i kelgrisgänget när han under sommaren briljerade med sina fenomenala klacksparkar under VM i fotboll i Lissabon.

Stefan Holm hoppar inte bara högst av alla i världen. Det visade han under olympiaden i Aten. Därutöver utnämndes han till det gångna årets guldmedaljör av Svenska Dagbladet alltmedan han på fritiden framträder i underhållningsprogrammet "På Spåret" i TV. I det programmet visar han att han inte bara kan hoppa högt. Han är en höjdare i allmänbildning också. En annan sportidol, bordtennisspelaren Waldner, utnämndes under världsmästerskapen i pingis av många till kelgris. Med från bordet bortvänt ansikte dammade han in en otagbar boll som tog på bordskanten. Sådana gärningar tar skruv i dubbel bemärkelse.

I TV visas varje vecka en serie som heter "Svensson, Svensson". De flesta svenska hem knäpper på sina apparater när den serien visas. Svenssons är en typisk svensk medelklassfamilj med två barn. Svenssons bor i radhus. Svensson själv jobbar på posten, är en utpräglad mansgris, älskar sin Volvo och njuter mest av att se på ishockey i TV. Hans livs favorit heter Björn Borg. Fru Svensson har klättrat högre på karriärstegen. Hon är kontorschef, stilig, har en överseende sarkastisk blick och är vesslesnabb i repliken. Inte minst tack vare utomordentliga insatser av skådespelarna Suzanne Reuter och Allan Svensson har det programmet tagit plats bland svenska folkets kelgrisar.

På bokfronten är det sämre ställt med älskade favoriter sedan Astrid Lindgren gick bort. Hennes Emil i Lönneberga, Pippi och Karlsson på taket kvarstår som onåbara kelgrisar. På nationalnamuseet kan man i dagarna njuta Björn Bergs utställning av Emils bedrifter. Jan Guillous "Tjuvarnas Marknad" säljs visserligen så det dånar men någon kelgris blir han säkert aldrig. Förmodligen har han heller inga ambitioner i den vägen. Någon rusning i boklådorna efter nobelpristagaren Elfriede Jellineks böcker har det inte synts av. De flesta bokköpare tycks sky hennes böcker lika mycket som hon själv skyr större folksamlingar.

På den politiska arenan är det just nu svårt att spåra några uppenbara favoriter. Det är betydligt lättare att finna sådana som betraktas med nedlåtenhet gränsande till ovilja. Vad kallas egentligen motsatsen till en kelgris? Bara gris? Finns det ett svenskt ord för en sådan person? Jag är övertygad om att det vore felaktigt av mig att ge mig på att specificera och ge exempel på politker av det slaget.. Därför avhåller jag mig från sådana fallgropar och övergår istället till ofarligare ämnen.

Stormarna fortsätter denna vinter. De framdragande orkanerna har orsakat katastrofer. Enligt senaste nyheter har så många träd som motsvarar två års avverkning ramlat till marken. Miljarder har gått förlorade. I stora skogar ligger träden som plocke-pin.

Eftersom olydiga tallar och granar tar sig friheten att ramla åt det håll det passar dem händer det allt emellanåt att de brakar ner över el- och telefonledningar. Detta innebär i sin tur att det blir helsvart och kallt i kåkarna. För att hjälpligt tina upp människor som sitter fast i sina hus i kylan byggs värmestugor dit framför allt gamla människor transporteras. Grymma bilder visas i TV på huttrande gamlingar som förflyttas till värmestugor och bjuds på varma soppa.

Även om årets stormar har varit sällsynt svåra kvarstår faktum att dylika - om än mindre - oväder så gott som varje år drabbar landet. Elavbrott tillhör därför de årligen återkommande evenemangen. Många frågar sig därför varför kraftbolagen under årens lopp inte gjort någonting åt eländet. Nu har emmellertid kraftbolagen meddelat att de har för avsikt att gräva ner alla ledningar som låter sig grävas ner. Det kommer att ta fem år sägs det.

Till dess får de drabbade se framtiden an och nöja sig med att det finns värmestugor och varm soppa.

Hästminnen

På gården Bro där jag växte upp hade vi ett stall. Fyra arbetshästar och en hingst. Traktorer och andra mekaniska finesser var sällsynta företeelser. Jag minns vår första traktor. En begagnad Fordson.

Gårdens befolkning mottog Fordsons ankomst med bävan. En blandning av misstro och andäktig förundran. Friden i Falltorpet ansågs ha mekaniska talanger. Friden hette egentligen Frideborg men hade aldrig kallats för någonting annat än Friden. Han var en tystlåten och finurlig person med nyfikna ögon och snusdosa med lock på. Han gick alltid klädd i blåställ och väst. Den höstdag som Fordson anlände uppträdde Friden dagen till ära i nyinköpt blåställ. Friden vevade igång traktorn. Ja, man vevade igång motorer på den tiden. Efter några svettiga manövrer började motorn brumma. Med överlägsen blick satte sig Friden därefter till rätta på traktorn och plöjde ett ärevarv runt på åkern. Medan han sneglade på alla som uppskattande betraktade hans talanger. Nu hade Friden blivit traktorförare. Och sålunda en mer betydelsefull person och litet förmer än oss andra på gården.

Inne i stallet stod hästarna kvar och tuggade vemodigt på sitt hö ännu ovetande om att deras tid som arbetshästar i lantbruket inte skulle räcka så många fler år. Våra hästar hette Lisa, Svarten, Bläsen och Emil. Lisa var ett sto, hade snälla, svarta ögon och varmt sinnelag. När min bror Anders var en liten pojke och mamma ville vara i fred satte hon upp Anders på Lisa.

Med Anders på ryggen vandrade Lisa runt på ängarna, åt gräs, viftade bort mygg och flugor med svansen och njöt av sommaren. I varje fall tror jag att hon njöt. Hon vandrade nämligen runt i timmar innan hon återvände och lät oss lasta av Anders. Så vitt jag minns tyckte också Anders att hans långa vistelser på Lisas rygg var angenäma. Han såg alltid förnöjd ut.

Bläsen fick se sig om litet mer än de andra hästarna. Han fick tillfälle att andas stadsluft varenda dag. Gustaf använde sig nämligen varje morgon av Bläsen för att köra in mjölken till mejeriet i Askersund. Den dagliga kontakten med stadsatmosfären och pratstunderna med mejeristen och gubbarna som körde skjutsarna från de andra mjölklevererande gårdarna gav Gustaf ständiga utsikter och kontakter med den stora världen. Gustaf roades av att snappa upp nyheter och slänga käft med omgivningen. Det var alltid ett nöje att lyssna på Gustaf när han kom tillbaka efter mjölktransporterna och fantasifullt återgav vad han bevittnat och hört av skvaller i den stora staden inne på mejeriet. De egna insatserna i samtalen hann Gustaf förbättra under resan hem till gården när han tänkte igenom vad han upplevt.

Hingsten hette Extas. Extas stod till förfogande för nejdens bönder som ville få sina ston dräktiga med fölungar. Eller få dem betäckta som den föga romantiska termen löd. Extas var förmodligen ett lockande och säljande namn.

Avgiften för själva betäckningen hade ett annat lika oromantiskt namn. Språngavgift.

Hästarna användes inte bara till sådana hårda jobb som att dra tunga lass eller att plöja. Finåkning förekom också. På lördagarna for många bönder med häst och vagn in till Askersund och handlade vad som behövdes för den närmaste tiden. Diversehandlarna inne i stan höll med stallplats. Motsvarighet till nutidens parkeringsplatser. Någon gång varje sommar selades hästarna också framför den fashionabla vagn som kallades charabang.

Svarten och Bläsen travade de 12 kilometrarna till Laxsjöarna. Filtar, termosar, badbollar och hopprep togs med. Även kortlek skulle med i bagaget om Konrad i granngården var inbjuden att deltaga. Konrad älskade kortspel.

Tankarna går ofta tillbaka till dessa gamla hästminnen. Inte bara därför att de var muntra minnen som det är en glädje att väcka till liv.. Utan också därför att de så drastiskt erinrar om hur snabbt tillvaron förändrats. Mycket av vad jag just skrivit upplevs säkerligen som fullkomligt antikt av dagens ungdomar även om Astrid Lindgren och några andra från en äldre generation har lyckats återskapa en del av de gamla idyllerna.

När vi numera bilar ut till Torö passerar vi utefter Nynäshamnsvägen många välmående bondgårdar. Några arbetshästar syns dock aldrig till. Däremot vimlar trakten av betydligt smäckrare ridhästar. Hästen har fått en renässans. Framför allt unga damer i prydliga riduniformer tillbringar stor del av sin tid i hästens sällskap. Hästen har blivit deras förtrogne och käraste vän.

Svarten, Bläsen, Lisa, Emil och Extas kanske käkar klöver i något hästparadis om ett sådant existerar. Även mjölkutköraren Gustaf med sina fantasifulla utläggningar är borta. Men minnena, de sitter kvar.

Sånt som försvinner...
och sånt som kommer

Häromdagen lyssnade jag på ett program i radion från Bjuvs sy-
förening.

Syföreningar är i våra dagar lika omoderna och antika som
tunga, gamla rokokomöbler. Bjuvs syförening firade i dagarna
hundraårsjubileum och passade då på tillfället att gå i graven. De
förpassade sin sekelgamla verksamhet till historien.

Det finns inte längre några damer i stugorna runt Bjuv som
vill träffas och sy korsstygn eller knyppla spetsar.

Bjuv är inte unikt. Samma sak händer runt om i nejderna, från
Smygehuk till Haparanda. Snart har vi varken regementen eller
syföreningar i det gamla landet.

Jag har mina egna minnen från syföreningar. Tanterna - för
det var mest fråga om mogna damer - kring Askersundsbygden
kunde på sin tid konsterna med korsstygn, plattsöm och allt vad
det hette.

Även min mor var medlem i Askersunds landsförsamlings
syförening. De medverkande damerna träffades regelbundet. En
gång i månaden, om jag minns rätt.

Tre sorters kakor till kaffet skulle det vara när de träffades.
Mitt minne säger mig att damerna turades om att stå för kaffe och
kakor. Jag erinrar mig att de smaskigaste kakorna fanns på faten

när Gerda i Dohnafors stod för förplägnaden. Hon kunde konsten att baka av alla damer uppskattade rulltårtor med hemmagjord hallonsylt i.

Syföreningarna hade många syften och traditioner. Det lokala skvallret kom gärna igång när handarbetena plockades fram och broderierna började ta form.

Jag har förstått att syföreningsmötena bjöd på roande konver-sationer och informationer. Alltid var det någon som snappat upp någonting i bygden, eller hört någon annan som lagt märke till någonting, som i sin tur kunde ge näring till nyfikna spekulationer.

Det fanns ingen TV-underhållning på den tiden. Dessutom var det långt mellan kåkarna. Det betydde mycket att bara komma tillsammans, att uppleva samhällets små händelser och njuta några timmars samvaro.

I början av december varje år ordnade damerna i Askersunds landsförsamlig syförening auktion av sina broderade dukar och gobelänger, stickade vantar och halsdukar. Kyrkoherden var auktionsförrättare och kantorn ledde julsångerna.

Förmodligen gick det till på samma sätt i Bjuv och på andra ställen. Vantarna och andra värmande persedlar sändes ofta till frivilliga soldater i finska vinterkriget. Avkastningen gick till svältande barn, eller andra behjärtansvärda ändamål.

Från radioprogrammet om Bjuv fick jag veta att damerna där räknat ut att de under sin 100-åriga verksamhet lyckats sända inte mindre än 800 000 kronor till hjälpbehövande. Troligen har det under de gångna åren funnits ett tusental liknande syföreningar i Sverige som betett sig på samma sätt. Det blir alltså väsentliga belopp, som damer på detta sätt broderat ihop eller stickat sig fram till.

Nu är syföreningsepoken slut, eller i varje fall i utdöende. Det kanske inte ens längre finns så många damer som kan konsten att knyppla eller virka. Korsstygn och plattsöm är måhända okända begrepp.

De flesta moderna damer är dessutom nu förvärvsarbetande. De är jäktade av allt de måste hinna med. De saknar helt enkelt tid och möjlighet att träffas runt kaffeborden och informera varandra om vad som händer i samhället. Dessutom skaffar sig nutidens kvinnor och män sig all tänkbar information från TV.

Syföreningarna har alltså spelat ut sin roll. Om det finns någon grupp som kommit till skada av att verksamheten gått i graven kanske det framför allt är de många organisationer som årligen fick behjärtansvärda bidrag.

En del företeelser här i världen försvinner. Det finns dock många nya, som kommer till, på gott och ont.

Som kanske många av *Nordstjernans* läsare redan vet existerar det en ny teknologi som kallas RFID. Det står för "Radio, Frequency, Identification".

Denna RFID-teknik kan, enligt vad jag inhämtat, komma att påverka oss alla. Många av oss som är glömska har, till exempel, ibland svårt att komma ihåg var vi lagt ifrån oss våra nycklar. Då står vi därför utanför vår dörr utan att kunna ta oss in.

Detta kan nu avhjälpas. Vi låter nämligen inmontera att litet elektroniskt "chip" på något lämpligt ställe i vår kropp. När vi närmar oss dörren kommunicerar vårt lilla "chip" med dörrens lås, som vips öppnar dörren.

Som alla förstår är det inte bara till att öppna dörrar som RFID kan användas. I många vardagliga situationer kan små "chips" försedda med alla våra identitetsnummer (dörrlåsnummer, personnummer, bankkontonummer, telefonnummer etc.) komma att användas.

Med all sannolikhet kan mycket förträffligt för såväl mänskligheten i stort som för individen komma ut av användandet av nya tekniska förändringar. Trots detta gör mig utveckling åt det här hållet tveksam och smått förstämd.

Vart är vi på väg om elektroniska "chips" i förlängningen skall kunna ersätta det mesta av vårt tänkande och handlande?

Det är i sådana stunder skönt att tänka tillbaka på de gamla syföreningarna och deras enkla, hedervärda mekanismer.

Rödvin och mörk choklad

Som första rubrik i en tidning jag ägnade mig åt en tidig morgon slogs det fast: "**Rött vin och mörk choklad förlänger livet.**"

Under åratal har jag känt på mig att det måste ligga till på det viset. Nu förstår jag att även folkhälsoforskare i England kommit fram till att jag hela tiden haft fullkomligt rätt.

Bakåtsträvarna och olyckskorparna här i världen har alltid haft för vana att oja sig och fyra av skrämskott. De har ständigt varnat oss för att det vi tycker om riktigt mycket är farligt och troligen leder till svårt lidande och tidig död. Därför är det synnerligen angenämt att sanningen nu äntligen kommer fram.

Vad som står i *British Medical Journal* bör ingen förnuftig livsnjutare ignorera. I detta förnämligt vetenskapliga organ får vi nu det besked vi längtat efter.

En grupp djupsinniga forskare har kommit fram till den sanning som nu redovisats och inte mindre än 5 000 människor ingår i forskarnas studie.

Av studien framgår till och med hur mycket mindre risk vi löper att få hjärt- och kärlsjukdomar om vi konsumerar vin och mörk choklad. I tidningen jag nyss läst har jag bland annat inhämtat att risken för att råka ut för en hjärt- eller kärlsjukdom minskar med 32% om jag avnjuter ett glas rödvin per dag. Inte illa rutet av idoga forskare, tycker jag.

Genom att smaska i sig 100 gram mörk choklad minskar risken med 21%.

Men bakåtsträvarna ger sig aldrig. I slutet på den upprymda artikeln om de engelska vetenskapsmännens lyckliga rön redovisades kommentarer från en helt säkert magsur svensk professor. Underlaget och testmetoderna är bristfälliga, påstod denne missmodige person. Man tillåts sällan suga på en god karamell länge innan trista genmälen hör av sig.

Säg den glädje som varar för evigt.

På återseende.

Författaren, i Stockholm, December 2004

9 780967 217628